Comment les riches détruisent la planète

Du même auteur

Pour sauver la planète, sortez du capitalisme
Éditions du Seuil, 2009

Gaza
La vie en cage
(photographies de Jérôme Equer)
Éditions du Seuil, 2005

La Guerre secrète des OGM
Éditions du Seuil, 2003
et « Points Sciences » n° 177, 2007

La Révolution biolithique
Humains artificiels et machines animées
Albin Michel, 1998

La Baleine qui cache la forêt
Enquête sur les pièges de l'écologie
La Découverte, 1994

L'Économie à l'épreuve de l'écologie
Hatier, 1991

Hervé Kempf

Comment les riches détruisent la planète

Éditions du Seuil

ISBN 978-2-7578-1216-7
(ISBN 978-2-02-089632-0, 1re publication)

© Éditions du Seuil, 2007

Le code de la propriété intellectuelle interdit les copies ou reproductions destinées à une utilisation collective. Toute représentation ou reproduction intégrale ou partielle faite par quelque procédé que ce soit, sans le consentement de l'auteur ou de ses ayants cause, est illicite et constitue une contrefaçon sanctionnée par les articles L. 335-2 et suivants du Code de la propriété intellectuelle.

L'autobus me conduisait à l'aéroport d'Heathrow, au terme d'un reportage sur le « soldat du futur ». La radio diffusait les nouvelles. Le journaliste racontait que, selon des spécialistes suédois, un taux élevé de radioactivité était détecté dans le pays scandinave. Cela pourrait provenir de l'accident d'une centrale nucléaire.

Nous étions le 28 avril 1986, le surlendemain de l'accident de Tchernobyl. Cette nouvelle réveilla en moi, soudainement, un sentiment d'urgence oublié. Dix ou quinze ans auparavant, je lisais Illich, *La Gueule ouverte, Le Sauvage,* et me passionnais pour l'écologie, qui me paraissait la seule vraie alternative à une époque où le marxisme triomphait. Puis la vie m'avait poussé sur d'autres chemins. Journaliste, j'étais alors immergé dans la révolution micro-informatique : au moment où *Time* consacrait l'ordinateur « homme de l'année », je découvrais avec mes camarades de *Science et Vie Micro* les arcanes du premier Macintosh, les « messageries roses » du Minitel qui préfiguraient les *chats* et forums d'Internet, les aventures d'un jeune type nommé Bill Gates qui venait de conclure un contrat fumant avec IBM.

Subitement, Tchernobyl. Une évidence : l'écologie. Une urgence : la raconter. J'ai commencé à le faire. Depuis, j'ai toujours été guidé par deux règles : être indépendant, et produire de la bonne information, c'est-à-dire exacte, pertinente, originale. Aussi me gardai-je du catastrophisme. Racontant, parmi les premiers, l'affaire climatique, l'aventure des OGM, la crise de la biodiversité, je n'ai jamais « forcé le trait ». Il me semblait que les faits, portés par une attention tenace pour des sujets si évidemment prioritaires, suffisaient à parler à l'intelligence. Et je croyais que l'intelligence suffisait à transformer le monde.

Cependant, après avoir cru que les choses changeaient, que la société évoluait, que le système pouvait bouger, je fais aujourd'hui deux constats :

– la situation écologique de la planète empire à une allure que les efforts de millions de citoyens du monde conscients du drame mais trop peu nombreux ne parviennent pas à freiner ;

– le système social qui régit actuellement la société humaine, le capitalisme, s'arc-boute de manière aveugle contre les changements qu'il est indispensable d'opérer si l'on veut conserver à l'existence humaine sa dignité et sa promesse.

Ces deux constats me conduisent à jeter mon poids, aussi infime soit-il, dans la balance, en écrivant ce livre court et aussi clair qu'il est possible de l'être sans trop simplifier. On y lira une alarme, mais surtout un double appel, sans le succès duquel rien ne sera possible : aux écologistes, de penser vraiment le social et les rapports de force ; à ceux qui pensent le social, de prendre réellement la mesure de la crise écologique, qui conditionne aujourd'hui la justice.

Le confort dans lequel baignent les sociétés occidentales ne doit pas nous dissimuler la gravité de l'heure. Nous entrons dans un temps de crise durable et de catastrophes possibles.

Les signes de la crise écologique sont clairement visibles, et l'hypothèse de la catastrophe devient réaliste.

Pourtant, on prête au fond peu d'attention à ces signes. Ils n'influencent pas la politique ni l'économie. Le système ne sait pas changer de trajectoire. Pourquoi ?

Parce que nous ne parvenons pas à mettre en relation l'écologie et le social.

Mais on ne peut comprendre la concomitance des crises écologique et sociale si on ne les analyse pas comme les deux facettes d'un même désastre. Celui-ci découle d'un système piloté par une couche dominante qui n'a plus aujourd'hui d'autre ressort que l'avidité, d'autre idéal que le conservatisme, d'autre rêve que la technologie.

Cette oligarchie prédatrice est l'agent principal de la crise globale.

Directement par les décisions qu'elle prend. Celles-ci visent à maintenir l'ordre établi à son avantage, et privilégient l'objectif de croissance matérielle, seul moyen selon elle de faire accepter par les classes subordonnées l'injustice des positions. Or la croissance matérielle accroît la dégradation environnementale.

L'oligarchie exerce aussi une influence indirecte puissante du fait de l'attraction culturelle que son mode de consommation exerce sur l'ensemble de la société, et particulièrement sur les classes moyennes. Dans les pays les mieux pourvus comme dans les pays émergents, une large part de la consommation répond à un désir d'ostentation et de distinction. Les gens aspirent à s'élever dans l'échelle sociale, ce qui passe par une imitation de la consommation de la classe supérieure. Celle-ci diffuse ainsi dans toute la société son idéologie du gaspillage.

Le comportement de l'oligarchie ne conduit pas seulement à l'approfondissement des crises. Face à la contestation de ses privilèges, à l'inquiétude écologiste, à la critique du libéralisme économique, il affaiblit les libertés publiques et l'esprit de la démocratie.

Une dérive vers un régime semi-autoritaire s'observe presque partout dans le monde. L'oligarchie qui règne aux États-Unis en est le moteur, s'appuyant sur l'effroi provoqué dans la société américaine par les attentats du 11 septembre 2001.

Dans cette situation, qui pourrait conduire soit au chaos social, soit à la dictature, il importe de savoir ce qu'il convient de maintenir pour nous et pour les générations futures : non pas la « Terre », mais les « possibilités de la vie humaine sur la planète », selon le mot du philosophe Hans Jonas, c'est-à-dire l'humanisme, les valeurs de respect mutuel et de tolérance, une relation sobre et riche de sens avec la nature, la coopération entre les humains.

Pour y parvenir, il ne suffira pas que la société prenne conscience de l'urgence de la crise écologique – et des choix difficiles que sa prévention impose, notamment en termes de consommation matérielle. Il faudra encore que la préoccupation écologique s'articule à une analyse politique radicale des rapports actuels de domination. On ne pourra pas diminuer la consommation matérielle globale si les puissants ne sont pas abaissés et si l'inégalité n'est pas combattue. Au principe écologiste, si utile à l'époque de la prise de conscience – « Penser globalement, agir localement » –, il nous faut ajouter le principe que la situation impose : « Consommer moins, répartir mieux. »

Chapitre I

La catastrophe. Et alors ?

La nuit avait été longue. Épuisante, mais palpitante. Dans un ultime rebondissement, la Russie avait posé un obstacle majeur au compromis qu'une semaine d'âpres négociations avait fini par faire émerger. Le protocole de Kyoto allait-il échouer, après avoir triomphé de l'obstination américaine ? Mais, au fil des tractations nocturnes habilement menées par les diplomates canadiens et anglais, la Russie retirait sa demande, d'ailleurs incompréhensible, et l'accord était scellé : la communauté mondiale décidait de prolonger le protocole au-delà de son terme de 2012 et les nouveaux géants, la Chine et l'Inde, acceptaient à mots couverts cette discussion qui les engagerait inévitablement dans les défis de l'avenir.

Ces négociations internationales ressemblent à une caravane cosmopolite, composée de figures chatoyantes, d'intérêts divers, de passions et d'égoïsmes, mais aussi animée, derrière le choc des intérêts, par le sentiment commun de la nécessité d'un accord universel. Sous les rituels obscurs et les textes ésotériques se met en œuvre l'idéal d'une politique pour toute l'humanité. Et, toutes et tous, traits tirés, yeux gonflés, membres gourds, dans cette salle de Montréal en décembre 2005, nous avons applaudi et ri à la bonne nouvelle.

Oublieux que la nuit pourrait être blanche, j'avais pris un rendez-vous dans la matinée à l'université avec un scientifique éminent, pour parler de tout autre chose : la biodiversité. Je marchais dans l'air froid de la métropole québécoise, porté par l'enthousiasme des heures précédentes, inconscient de ma fatigue, guilleret, pour tout dire.

Par la fenêtre du bureau étroit de Michel Loreau, nous apercevions les hauts bâtiments de la cité, un univers totalement artificiel. Et dans ses mots précis, sans une once d'exagération ou d'émotion, avec le calme qui sied au directeur du Programme international de recherche Diversitas, le chercheur belge m'a raconté ce que je savais déjà, mais qui prenait, dans l'air cristallin de l'hiver canadien, un sens dramatique que je n'avais jusqu'alors jamais perçu dans sa pleine mesure. La planète Terre connaît en ce moment même la sixième crise d'extinction des espèces vivantes qui lui soit advenue depuis que la vie, il y a trois milliards d'années, a commencé à transformer sa surface minérale. «Aujourd'hui, me dit-il, on estime que pour les groupes les mieux connus – les vertébrés et les plantes –, le taux d'extinction est une centaine de fois plus élevé que ce qu'il était en moyenne dans les temps géologiques, en dehors des crises d'extinction massive.» Il marqua une pause. «C'est déjà beaucoup, mais ce n'est rien par rapport à ce qui est prévu : ce taux va s'accélérer et être de l'ordre de dix mille fois plus élevé que le taux géologique.»

James Lovelock est presque inconnu en France. Ce fait ne témoigne que de l'inculture écologique qui règne dans notre pays, parce qu'en Grande-Bretagne, mais aussi au Japon, en Allemagne, en Espagne, aux États-Unis, le grand savant anglais jouit d'une notoriété méritée. C'est qu'il a fait avancer la science à un double titre : d'une part, en inventant une série de dispositifs très utiles aux physiciens – et notamment le détecteur par capture d'électrons –, d'autre part en élaborant une théorie sur notre planète qui compte parmi les plus stimulantes pour l'esprit. Il a donné à cette théorie le nom de Gaïa, sur la suggestion de son ami William Golding, prix Nobel de littérature. Selon Lovelock, la Terre se comporte comme un organisme vivant autorégulé.

Mais si je serpentais sur les petites routes des Cornouailles, traversant une campagne qui a gardé de façon extraordinaire son caractère rural du XIXe siècle, ce n'était pas pour parler de Gaïa, mais pour entendre le message pessimiste du grand savant. J'avais une double raison de prêter attention au propos de mon hôte : son *curriculum vitae* impressionnant, et la parfaite connaissance des débats sur le climat qu'il tient de première source. Il discute en effet fréquemment avec les climatologues du centre de recherche Hadley, d'Exeter, à cinquante kilomètres de chez lui. C'est un des centres les plus réputés au monde en matière de climat. Plus tard, je confirmerais par des discussions avec d'autres chercheurs et par des lectures l'inquiétant message que me délivra Lovelock.

« Avec le réchauffement climatique, me dit-il dans l'atmosphère si *british* de sa petite maison blanche, la plus grande partie de la surface du globe va se transformer en désert. Les survivants se grouperont autour de l'Arctique. Mais il n'y aura pas de place pour tout le monde, alors il y aura des guerres, des populaces déchaînées, des seigneurs de la guerre. Ce n'est pas la Terre qui est menacée, mais la civilisation. »

« Je suis un homme joyeux, je n'aime pas les histoires de catastrophes, poursuivit-il. C'est ce qui rend celle-ci si étrange – avant, je ne pensais pas que le danger était si grand. »

Que sir Lovelock me pardonne, mais je pourrais prendre à mon compte, mot pour mot, cette dernière phrase. Je suis attentivement la question du changement climatique depuis 1988. J'ai observé comment la préoccupation s'en est développée chez les scientifiques, a émergé dans les médias, s'est confrontée aux arguments contraires, avant de s'affirmer et de devenir une grille d'interprétation du monde d'une grande solidité. La prise de conscience a progressé à une vitesse presque stupéfiante, et nombre de chercheurs sont plus pessimistes qu'ils n'auraient imaginé l'être il y a quinze ans. Il n'y a pas de « catastrophisme » ici, ou alors, il faut traiter toute une communauté scientifique de catastrophiste.

Depuis quelque temps, une nouvelle problématique inquiète les climatologues. Le climat pourrait se dérégler brutalement, trop vite pour que l'action humaine puisse corriger le déséquilibre. C'est cette inquiétude qu'exprime le théoricien de Gaïa, plus libre de sa parole que d'autres scientifiques, mais sans exagérer leur souci.

Objectif : limiter la casse

Théorie scientifique élaborée dès le XIXe siècle, l'idée du réchauffement global a été redécouverte dans les années 1970 et étudiée attentivement à partir des années 1980. Une intense discussion entre scientifiques s'en est ensuivie.

Le changement climatique est dû à l'accroissement de l'effet de serre : certains gaz, tels que le dioxyde de carbone ou le méthane, ont la propriété de piéger près de la planète une partie du rayonnement qu'elle réfléchit vers l'espace. Du fait de l'accumulation récente de ces gaz dans l'atmosphère, la chaleur moyenne de celle-ci augmente.

L'idée que le changement climatique est déjà engagé repose sur trois progrès de l'observation : le taux de dioxyde de carbone et d'autres gaz dans l'atmosphère ne cesse d'augmenter ; la température moyenne du globe s'accroît régulièrement ; la qualité des modèles physiques de la biosphère et celle des autres outils de connaissance du climat se sont beaucoup améliorées.

L'augmentation de la température moyenne à la fin du XXIe siècle, envisagée en prolongeant les tendances actuelles, devrait se situer entre 1,4 à 5,8 °C. Elle est calculée par le GIEC (Groupe d'experts intergouvernemental sur l'évolution du climat), qui réunit la communauté des scientifiques spécialistes du changement climatique. Cela ne veut pas dire que l'on s'arrêterait là. Si rien ne change d'ici à la fin du siècle, ce réchauffement se poursuivra.

Ces chiffres apparemment modestes sont en fait importants. La température moyenne du globe est de 15 °C. Quelques degrés suffisent à un changement radical de régime climatique. Par exemple, moins de 3 °C nous séparent de l'holocène, voilà de six mille à huit mille ans, une période très différente d'aujourd'hui ; de même, la température sous l'ère glaciaire d'il y a vingt mille ans n'était que de 5 °C inférieure à celle d'aujourd'hui.

Même si l'on arrêtait d'un seul coup les émissions de gaz, l'augmentation de l'effet de serre provoquée par les émissions précédentes ne serait pas immédiatement interrompue. En effet, beaucoup de gaz à effet de serre ont une stabilité chimique de plusieurs dizaines d'années, ce qui signifie que leurs propriétés perdurent longtemps dans l'atmosphère. Les systèmes naturels présentent une inertie importante : lents à se modifier, ils sont également lents à retrouver l'état antérieur. Nous ne pouvons plus espérer revenir rapidement à la situation qui existait avant le milieu du XIXe siècle, moment où, lors de la révolution industrielle, l'émission massive de gaz à effet de serre a commencé. En revanche, nous pouvons ralentir l'accélération de ces émissions, viser à leur stabilisation, puis à leur décroissance. Cela permettrait de limiter le réchauffement à deux ou trois degrés Celsius. C'est devenu, à vrai dire, le seul objectif réaliste.

Si le climat s'emballait...

Un élément crucial pour apprécier la situation actuelle est relatif aux échelles de temps : le réchauffement que nous vivons se produit très rapidement par rapport aux phénomènes comparables connus dans le passé : ils se déroulaient sur des milliers d'années ; nous transformons le système climatique en moins de deux cents ans.

Mais le changement climatique, au lieu de s'opérer graduellement, pourrait advenir brutalement. En quelques dizaines d'années, le climat pourrait basculer de plusieurs degrés, empêchant une adaptation progressive des sociétés. Cette découverte, faite au début des années 1990, s'exprime aujourd'hui d'une autre façon : au-delà d'un certain seuil – que les climatologues tendent à situer autour de 2 degrés de réchauffement –, le système climatique pourrait s'emballer de façon irréversible. Normalement, la biosphère corrige spontanément les dérèglements qui l'affectent. Mais en raison de la saturation de ses capacités d'absorption, ce processus réparateur pourrait ne plus opérer. Voici les mécanismes pouvant favoriser l'emballement du changement climatique :

— une grande part du gaz carbonique émis par l'humanité est normalement pompée par la végétation et les océans : la moitié reste dans l'atmosphère, un quart est absorbé par les océans, un quart par la végétation. C'est pourquoi l'on appelle les océans et la végétation continentale des « puits » de gaz carbonique. Or ces puits pourraient arriver à saturation. Dans ce cas, une plus grande partie du gaz carbonique émis, voire son intégralité, resterait dans l'atmosphère, accélérant encore l'effet de serre. Océans et végétation pourraient même commencer à relâcher le CO_2 qu'ils ont stocké antérieurement. De surcroît, la poursuite de la déforestation pourrait transformer les forêts tropicales, qui sont encore des puits, en émetteurs nets de carbone ;

— les régions arctique et antarctique se réchauffent. Plusieurs séries d'observations et de calculs conduisent les glaciologues à penser que le Groenland et le continent antarctique pourraient fondre rapidement, ce qui entraînerait une élévation du niveau de la mer bien supérieure à celle envisagée en 2001 par le GIEC : il prévoyait un demi-mètre d'élévation à la fin du siècle, il faudrait raisonner avec deux, trois, voire plus ;

— les glaces – comme toute surface blanche – réfléchissent les rayons du soleil, limitant ainsi le réchauffement de la surface terrestre. C'est ce qu'on appelle l'« albédo ». Mais la fonte progressive des glaces diminue l'albédo, donc la limitation du réchauffement, ce qui stimule celui-ci ;

— de même, le réchauffement des hautes latitudes, plus accentué semble-t-il que celui du reste de la planète, devrait entraîner la fonte du permafrost, ou pergélisol : il s'agit d'une couche de terre gelée qui couvre plus d'un million de kilomètres carrés, surtout en Sibérie, sur 25 mètres de profondeur moyenne. On estime que le pergélisol stocke 500 milliards de tonnes de carbone, qu'il relâcherait s'il fondait.

Les phénomènes décrits ci-dessus restent à l'état d'hypothèses. Mais plusieurs études font penser qu'elles pourraient se concrétiser. Par cxemple, un groupe de chercheurs a montré que, pendant la canicule de l'été 2003, la végétation de l'Europe, au lieu d'absorber du gaz carbonique, en a relâché en quantité importante. D'autres chercheurs ont montré que le permafrost commençait à se dégeler : si cela continue « au taux observé, écrivent les auteurs, tout le carbone stocké récemment pourrait être relargué dans le siècle ». Des analyses récentes estiment par ailleurs que les modèles climatiques ont sous-évalué les interactions entre les gaz à effet de serre et la biosphère, ce qui conduit à la conclusion que le réchauffement sera plus important que ne le prévoyait le GIEC dans son rapport de 2001. Ces éléments expliquent que la communauté scientifique n'exclue pas une élévation très rapide de la température moyenne du globe à des niveaux insupportables.

« Un réchauffement de 8 degrés en un siècle est très improbable, mais ce n'est plus une basse probabilité en deux siècles si nous utilisons tout le pétrole, développons les schistes bitumineux et brûlons la moitié du charbon », s'inquiète Stephen Schneider, de l'université Stanford, aux États-Unis. De fait, le GIEC, dans son quatrième rapport publié en 2007, envisage que le réchauffement pourrait dépasser le niveau maximal de 5,8 °C qui était antérieurement envisagé.

Jamais vu depuis les dinosaures

Si elle est beaucoup moins connue que le changement climatique, la crise de la biodiversité mondiale n'est pas moins inquiétante. Son indicateur le plus apparent est la disparition des espèces d'êtres vivants. Le rythme en est si rapide que l'expression de « sixième extinction », par référence aux cinq crises majeures d'extinctions des espèces qu'a subies la planète avant même l'apparition de l'homme, est devenue officielle : « Nous sommes actuellement responsables de la sixième extinction majeure dans l'histoire de la Terre, et de la plus importante depuis que les dinosaures ont disparu il y a 65 millions d'années », affirme le Rapport sur la biodiversité globale rendu lors de la Conférence des Nations unies sur la biodiversité, au Brésil en 2006.

Chaque année, l'Union internationale pour la conservation de la nature publie sa « Liste rouge » des espèces menacées : en 2006, sur les 40 177 espèces étudiées, 16 119 sont menacées d'extinction. « Un déclin substantiel de l'abondance et de la diversité de la faune interviendra sur 50 à 90 % de la surface en 2050 si la croissance des infrastructures et l'exploitation des ressources terrestres continuent au rythme actuel », prévoit quant à lui le centre de recherche Globio du Programme des Nations unies pour l'environnement. Là encore, la vitesse de transformation de son environnement par l'humanité, comparée aux évolutions qu'a déjà connues la Terre, est sidérante ; les experts s'accordent, comme Michel Loreau, à estimer que le taux d'extinction des espèces devrait atteindre des milliers de fois le taux naturel enregistré par l'histoire géologique, c'est-à-dire par l'étude des fossiles.

La disparition des espèces a pour cause majeure la dégradation ou la destruction des habitats. Celle-ci atteint depuis un demi-siècle un rythme frénétique : plus de terres ont été converties à l'agriculture depuis 1950 qu'aux XVIIIe et XIXe siècles, relève le *Millenium Ecosystem Assessment*, un rapport élaboré par plus de 1 300 scientifiques du monde entier ; depuis 1980, 35 % des mangroves (forêts humides des rivages tropicaux) ont été perdues, ainsi que 20 % des récifs coralliens ; la production d'azote par l'humanité dépasse celle de tous les processus naturels, tandis que la quantité d'eau retenue dans les grands barrages excède de trois à six fois celle que recèlent fleuves et rivières. « Nous avons connu dans les trente dernières années des changements plus rapides que jamais dans l'histoire humaine », résume Neville Ash, du Centre mondial d'observation de la nature (UNEP-WCMC), à Cambridge, en Grande-Bretagne. Selon les chercheurs de Globio, un tiers de la superficie terrestre est converti en terre agricole ; mais plus d'un autre tiers est en cours de transformation agricole, urbaine, ou en infrastructures.

Cette artificialisation n'est pas seulement le fait de pays en développement cherchant à faire face à leurs immenses besoins. Les pays riches eux aussi gaspillent l'espace sans compter. En France, observe le Manifeste pour les paysages lancé en 2005, « l'étalement urbain s'accompagne le plus souvent d'une consommation déraisonnable du capital foncier qui constitue pourtant une ressource non renouvelable : doublement des surfaces urbanisées depuis 1945, augmentation de 17 % des surfaces artificialisées ces dix dernières années alors que la population s'est accrue de 4 % seulement ».

L'ensemble du milieu vivant est affecté par cette crise de la biodiversité. Presque tous les milieux naturels de la planète sont maintenant en situation altérée. En fait, avertissent les scientifiques du Millenium Ecosystem Assessment, « l'activité humaine exerce une telle pression sur les fonctions naturelles de la planète que la capacité des écosystèmes à répondre aux demandes des générations futures ne peut plus être considérée comme acquise ».

Les conséquences de la perte de la biodiversité sont difficiles à évaluer. Les naturalistes s'attendent à des effets de seuil, c'est-à-dire à des réactions brutales des écosystèmes quand certains déséquilibres auront été atteints : « On peut comparer la biodiversité à un jeu de mikado et ses pertes aux baguettes que l'on retire au fur et à mesure, dit Jacques Weber, directeur de l'Institut français de la biodiversité. Enlevez-en une, puis deux : rien ne bouge. Mais un jour, le tas pourrait s'écrouler sur lui-même.» Le Millenium Ecosystem Assessment exprime la même idée autrement : «La machinerie vivante de la Terre a tendance à passer d'un changement graduel à un changement catastrophique sans guère d'avertissement (...). Une fois qu'un tel point de rupture est atteint, il peut être difficile voire impossible aux systèmes naturels de revenir à leur état antérieur.» En fait, comme dans le cas du changement climatique, les scientifiques commencent à redouter le passage d'un seuil, au-delà duquel des phénomènes brutaux et irréversibles de dégradation s'enclencheraient.

Nous sommes tous des saumons

À la transformation des habitats par artificialisation ou destruction s'ajoute une pollution générale dont tous les indicateurs nous disent qu'elle augmente. Le plus grand écosystème du monde, à savoir l'ensemble des océans, se dégrade maintenant de manière sensible. «Il est victime d'une détérioration sans précédent», résume Jean-Pierre Féral, du CNRS. La masse océanique, qui couvre 71 % de la surface de la Terre, et que l'on considérait jusqu'à présent comme un puits sans fond, commence à montrer ses limites de digestion des rebuts de l'activité humaine. Le plafonnement puis la réduction des prises de pêche sont le symptôme le plus visible de cet appauvrissement des océans : les stocks de poissons surexploités sont passés de 10 % dans les années 1970 à 24 % en 2002, tandis que 52 % sont à la limite maximale d'exploitation. Alors que la dégradation affectait jusqu'à présent surtout les eaux côtières, elle atteint maintenant l'ensemble des océans : on estime par exemple que 18 000 bouts de plastique flottent sur chaque kilomètre carré d'océan ; dans le centre du Pacifique, on compte 3 kilogrammes de déchets pour 500 grammes de plancton ! Les hautes mers et les fonds océaniques, qui abritent une biodiversité très importante, commencent à être exploités et perturbés par la pêche, la prospection de nouvelles espèces, la recherche pétrolière, etc.

Une des histoires les plus désolantes et les plus symboliques de ce que nous avons fait de la planète se déroule entre le vaste océan et les lacs d'Alaska. Au terme de leur existence, les saumons sauvages reviennent pondre leurs œufs dans les centaines de lacs que compte cet État. Ils déposent les œufs, puis meurent, leurs corps allant se déposer au fond du lac où leur instinct les a ramenés. Des chercheurs canadiens ont eu l'idée de collecter et d'analyser les sédiments de quelques-uns de ces lacs, sédiments composés en bonne partie des cadavres des grands poissons migrateurs. Ils ont eu la surprise de découvrir que ces sédiments contiennent plus de PCB (polychlorobiphényles) qu'il n'aurait pu s'en trouver dans le lac du seul fait des dépôts atmosphériques. Les PCB sont un polluant chimique très persistant, qui a été utilisé en énormes quantités pendant des dizaines d'années au XXe siècle. Ces PCB en excès dans les lacs proviennent des cadavres des poissons. Ainsi, les saumons sauvages polluent les lacs immaculés des zones les plus reculées de l'Alaska !

À quoi est-ce dû ? Le PCB est répandu en quantité infime dans tout l'océan. Durant leurs pérégrinations dans le nord du Pacifique, les poissons accumulent ces polychlorobiphényles dans leurs graisses : alors qu'on en trouve moins de 1 nanogramme par litre, le poison atteint la concentration de 2 500 nanogrammes par gramme de graisse de l'animal. Les saumons « agissent ainsi comme des pompes biologiques », accumulant la matière toxique avant de revenir polluer le lac... et leur descendance.

Nous sommes tous des saumons : en tant qu'êtres placés au sommet de la chaîne alimentaire, nos organismes accumulent les contaminants largement répandus dans la biosphère par nos si indispensables « activités humaines ». Et de même que les saumons d'Alaska empoisonnent leur progéniture, de même nous contaminons dès la naissance nos enfants. En Allemagne, où plusieurs organismes publics analysent régulièrement, depuis des années, le lait maternel, on a constaté que celui-ci contient jusqu'à 350 types de polluants. Ces poisons ne se retrouvent pas seulement dans le lait maternel. Toutes les analyses de sérum sanguin effectuées dans les pays développés montrent de la même manière que les adultes sont contaminés, à des doses certes petites, par une large gamme de produits chimiques.

Si l'on n'a pas établi de manière nette à quel degré la contamination chimique généralisée affecte l'état de santé des populations, une question voisine préoccupe depuis une dizaine d'années les spécialistes de la reproduction. On observe une montée des troubles de la reproduction (quantité de spermatozoïdes en diminution chez les hommes, cancers des testicules, augmentation de la stérilité, etc.). Est-elle attribuable à la contamination par des produits chimiques, classés comme « perturbateurs endocriniens » parce qu'ils dérèglent le système hormonal ? Des indices de plus en plus nombreux plaident dans ce sens. Par exemple, une recherche publiée début 2006 a établi le lien entre l'exposition à de faibles doses d'insecticides et la baisse de fertilité des hommes examinés. Un autre facteur explicatif – supplémentaire ? – pourrait être la pollution atmosphérique, dont plusieurs études indiquent qu'elle affecte la reproduction humaine.

Plus globalement, les scientifiques discutent du lien entre la contamination des individus (du fait des produits chimiques qu'ils absorbent par l'eau, la nourriture ou l'atmosphère) et l'augmentation régulière des cancers.

En fait, les démographes et les spécialistes de santé publique commencent à envisager que l'allongement de l'espérance de vie – un des indicateurs les plus généralement reconnus du progrès humain – pourrait prochainement s'arrêter. La durée moyenne de la vie humaine pourrait même se contracter. Les responsables en seraient la pollution chimique – « Cela ne fait que trente ans que nous sommes exposés quotidiennement à des centaines de produits chimiques, dont la production massive date des années 1970 ou 1980 », relève Claude Aubert –, une alimentation déséquilibrée et surabondante, l'exposition à la pollution atmosphérique, radioactive et électromagnétique, et des habitudes de vie trop sédentaires (télévision et automobile). Aux États-Unis, l'espérance de vie des femmes tend à plafonner depuis 1997. Et un chercheur, Jay Olshansky, a estimé qu'en raison de la montée rapide de l'obésité (deux tiers des adultes aux États-Unis sont en surcharge pondérale), l'espérance de vie dans ce pays pourrait décroître prochainement.

La planète ne récupère plus

Un facteur aggravant de la crise écologique planétaire est la fantastique expansion de la Chine, dont la production a crû depuis une quinzaine d'années au rythme de près de 10 % par an, et de l'Inde, à un taux guère inférieur. Cette croissance est comparable à celle du Japon dans les années 1960. L'empire du Soleil levant était ainsi devenu la deuxième économie du monde. Mais avec la Chine, c'est une masse humaine dix fois plus importante que le Japon qui est entrée dans la spirale de la croissance économique: elle pèse donc bien plus lourdement sur les écosystèmes mondiaux, notamment par ses importations de matières premières et de bois dont l'extraction impacte leurs milieux d'origine. Par exemple, la Chine est devenue le premier importateur mondial de soja, stimulant l'expansion de la culture de la légumineuse en Amérique latine, ce qui aggrave la déforestation de la forêt amazonienne. L'Asie grimpe aussi rapidement vers la première place du podium des émissions de gaz à effet de serre: en 2004, la Chine émettait 4 707 millions de tonnes de gaz carbonique, l'Inde, 1 113, contre 5 912 pour les États-Unis et 3 506 pour l'Union européenne à 15.

La pression écologique de la Chine – et à un moindre degré de l'Inde –, dommageable en soi, ne saurait excuser celle des pays occidentaux: c'est parce que ceux-ci pèsent déjà lourdement sur la biosphère que le poids supplémentaire des nouvelles puissances rend la crise écologique insupportable. Ce n'est pas la Chine qui pose problème: c'est le fait qu'elle s'ajoute aux problèmes que constituent déjà les États-Unis et l'Europe. Tous ensemble, nous commençons à dépasser les capacités de récupération de la planète: on coupe la forêt plus vite qu'elle ne peut se régénérer, on pompe les réserves d'eau souterraine plus vite qu'elles ne peuvent se recharger, on émet plus de gaz à effet de serre que la biosphère ne peut en recycler. L'« empreinte écologique » de nos sociétés, c'est-à-dire leur impact écologique, selon le concept forgé par un expert suisse, Mathis Wackernagel, dépasse la « biocapacité de la planète ». En 1960, selon lui, l'humanité n'utilisait que la moitié de cette capacité biologique ; en 2003, elle tirerait 1,2 fois sur cette capacité, c'est-à-dire qu'elle consommerait davantage de ressources écologiques que la planète n'en produit.

Les deux géants asiatiques subissent d'ailleurs à domicile les effets pervers de leur croissance effrénée : en Chine, le recul des terres arables au profit de l'urbanisation est très rapide (un million d'hectares par an ; sur vingt-cinq ans, cette perte atteint 7 % de la superficie agricole). Le désert progresse de plus de cent mille hectares par an, et Pékin subit chaque année des vents de sable venus de l'ouest. Tous les printemps, le fleuve Jaune est asséché plusieurs semaines. Trois cent millions de Chinois – près d'un quart de la population – boivent une eau polluée, et la pollution du Yang-Tseu-Kiang, le plus long fleuve du pays, devient si préoccupante qu'elle menace l'approvisionnement en eau potable de Shanghai, la capitale économique. Les nappes souterraines sont polluées dans 90 % des villes chinoises et plus de 70 % des rivières et des lacs le sont également, selon les données officielles citées par l'agence Chine nouvelle. Près de cent grandes villes subissent chaque année des coupures d'eau. Vingt des trente villes du monde à l'air le plus pollué se trouvent en Chine. « L'air chinois est aussi tellement saturé de dioxyde de soufre que le pays a connu des pluies acides d'une gravité rarement égalée. On estime à quelque 30 % les terres cultivables souffrant d'acidification », rapporte le Worldwatch Institute.

Le changement climatique, un volet de la crise globale

Pour saisir vraiment la gravité de la crise écologique planétaire, il est essentiel de comprendre que le changement climatique – le plus souvent présenté de manière isolée – ne la résume pas. Les différents dérèglements écologiques n'en forment en réalité qu'un seul : et le changement climatique n'est que la facette la plus visible d'une même crise que manifestent également disparition rapide de la biodiversité et pollution générale des écosystèmes.

Pourquoi ?

Parce que les trois dimensions ici décrites ne constituent pas des pans autonomes de la réalité. La science les isole abstraitement afin de mieux les étudier. Mais dans la réalité de la biosphère, elles participent d'un même phénomène.

Par exemple, la construction d'une autoroute puis sa mise en service vont tout à la fois affaiblir la biodiversité (en fracturant l'écosystème traversé), polluer l'environnement (émissions de polluants atmosphériques tels qu'oxydes d'azote ou particules, écoulements d'essence), accroître les émissions de gaz carbonique en stimulant la circulation des automobiles et des camions. De même, le rejet excessif de gaz carbonique conduit à augmenter son absorption dans les océans, ce qui acidifie ceux-ci et affaiblit la capacité du corail et du plancton à fabriquer leur enveloppe calcaire : si rien ne change, les organismes pourvus d'une coquille dite « aragonite » auront disparu de l'océan austral en 2030, avec des conséquences néfastes pour les espèces dont ils constituent la nourriture, comme les baleines ou les saumons.

Autre exemple d'interaction, le changement climatique devrait favoriser l'extension hors de leur écosystème d'origine de vecteurs de maladies : par exemple, les moustiques porteurs du paludisme vers les pays de l'hémisphère Nord. Il devrait également stimuler l'érosion de la biodiversité : une étude scientifique publiée en 2004 a estimé qu'il entraînerait la disparition de 35 % des espèces vivantes. Sans doute exagérée, cette étude a néanmoins permis de pointer la vigueur du lien entre les deux phénomènes.

Inversement, les facteurs de destruction de la biodiversité participent souvent du changement climatique : près de 20 % des émissions de gaz à effet de serre sont dus à la déforestation. Plus généralement, la crise de la biodiversité affaiblit la capacité de la biosphère à amortir, ou à tamponner, les émissions de gaz à effet de serre ; et donc, elle aggrave leur impact.

Ainsi, nous devons abandonner l'idée de crises séparées, solubles indépendamment les unes des autres. Cette idée ne sert que des intérêts particuliers, par exemple celui du lobby nucléariste qui utilise le changement climatique pour promouvoir son industrie. Au contraire, il nous faut penser la synergie des crises, leur imbrication, leurs interactions. Et accepter d'entendre un fait désagréable : cette synergie joue en ce moment dans le sens de la dégradation, avec une puissance destructrice que rien ne vient pour l'instant tempérer.

Vers le choc pétrolier

La crise écologique est due à l'activité humaine, donc au système économique actuel. Il pourrait être ébranlé par le tarissement d'une part de son approvisionnement énergétique, menace qui reflète la crise globale qui affecte notre civilisation finissante : l'utilisation des hydrocarbures est une source majeure de gaz à effet de serre et de pollution, tandis que leur exploitation contribue avec une redoutable efficacité à la destruction des écosystèmes. La crise pétrolière est annoncée par la théorie dite du pic de Hubbert, du nom du géologue américain qui l'a formulée le premier. Elle énonce que l'exploitation d'une ressource naturelle épuisable suit une courbe en cloche. Le sommet de cette courbe correspond au moment où l'exploitation atteint un niveau maximal avant de décroître.

Depuis le début de son exploitation au XIXe siècle, le pétrole a été extrait en quantité croissante à un coût bas. Mais à partir d'un certain moment, le coût d'extraction s'élève régulièrement alors que la production commence à décliner. Ce moment est appelé « pic » ou « pic de Hubbert ». Il ne caractérise pas la phase où il n'y a plus de pétrole, mais celle où l'on n'arrive plus à augmenter la quantité produite et à partir de laquelle le niveau de production doit inexorablement décliner. Cette décroissance, intervenant alors que la consommation mondiale continue à augmenter, provoquera une augmentation importante du prix du pétrole.

L'arrivée des grands pays émergents sur le marché du pétrole rend brûlante la question du pic pétrolier. Les chiffres se passent de commentaires : la Chine utilise actuellement un treizième du pétrole englouti par personne aux États-Unis, et l'Inde un vingtième. Si les deux pays devaient atteindre dans les prochaines décennies le niveau actuel du Japon – le plus sobre des pays développés –, ils absorberaient 138 millions de barils par jour. Or, en 2005, la consommation mondiale atteignait 82 millions de barils par jour.

La théorie du pic pétrolier n'est plus réellement contestée aujourd'hui. Le gaz suivra le pétrole, pour les mêmes raisons, avec un décalage de dix à quinze ans. Le point qui fait débat est la date à laquelle pourrait intervenir le pic : en 2007 pour les plus pessimistes, comme Colin Campbell, un des géologues qui ont popularisé la théorie ; vers 2040 ou 2050, voire 2060 pour les plus optimistes. La compagnie Total qui, comme tout le milieu pétrolier, a intérêt à ce que le pic se produise le plus tard possible, juge qu'il interviendra en 2025. Alors, quand ? Il serait hasardeux de trancher. Mais la conclusion de l'expert Jean-Luc Wingert est exacte : « Nous sommes entrés dans la "zone de turbulences" qui précède le pic mondial et nous n'en sortirons probablement plus. »

Les scénarios de la catastrophe

Résumons. Nous sommes entrés dans un état de crise écologique durable et planétaire. Elle devrait se traduire par un ébranlement prochain du système économique mondial. Les amorces possibles pourraient s'allumer dans l'économie arrivant à la saturation et se heurtant aux limites de la biosphère :

— un arrêt de la croissance de l'économie américaine, minée par ses trois déficits géants – de la balance commerciale, du budget, de l'endettement interne. Comme un toxicomane qui ne tient debout qu'à coups de doses répétées, les États-Unis, drogués de surconsommation, titubent avant l'affaissement ;

— un fort freinage de la croissance chinoise – sachant qu'il est impossible qu'elle tienne durablement un rythme de croissance annuel très élevé. Depuis 1978, la Chine a connu une croissance annuelle de son économie de 9,4 %. Le Japon est un précédent à ne pas oublier : vingt ans de croissance stupéfiante, puis l'entrée en stagnation durable au début des années 1990. Une crise chinoise retentirait sur l'ensemble du monde.

Il est même possible que ne se produise pas de choc brutal, mais que se poursuive la dégradation en cours, dans laquelle les peuples s'habitueraient, comme par un empoisonnement graduel, à la déréliction sociale et écologique. Des répits apparents pourraient se produire, du fait même du désordre engagé : par exemple, la fonte des glaces de l'Arctique suscitée par le changement climatique faciliterait l'accès au pétrole que recèle l'océan polaire, apportant une bouffée d'oxygène à des économies en voie d'asphyxie.

Dans ce dernier cas de figure, les personnes qui prennent l'écologie au sérieux imaginent d'autres scénarios.

Les spécialistes de la biodiversité sont les plus prudents. Pour Michel Loreau, « Pendant un certain temps, on ne percevra pas les conséquences de la perte de biodiversité. Et puis, tout d'un coup, il va se produire des catastrophes : invasions de nouvelles espèces, impossibilité de contrôler des maladies, émergence de nouvelles maladies, y compris pour les plantes, perte de la productivité des écosystèmes ». Les écologues pensent que la destruction des écosystèmes libérera le champ pour des organismes nuisibles qui ne seront plus freinés par leurs prédateurs habituels : on pourrait alors s'attendre à de grandes épidémies. Il ne faut pas comprendre autrement la crainte que la grippe aviaire a suscitée chez les spécialistes de la santé publique. L'un de ceux-ci, Martin McKee, professeur à la London School of Hygiene and Tropical Medicine, dit ainsi à propos de la menace infectieuse : « Je ne peux même pas écarter l'hypothèse à long terme qu'un organisme inconnu apparaisse et fasse disparaître l'*Homo sapiens*. »

Pour ce qui est du choc climatique et/ou pétrolier, les descriptions sont plus précises. Selon James Lovelock, on l'a vu, les guerres se multiplieront, détruisant la civilisation. Pour Martin McKee, « À cause du réchauffement, les zones habitables sur la planète vont diminuer, entraînant des mouvements de population sans précédent depuis la fin de l'Empire romain ». Le député écologiste Yves Cochet s'attend à l'arrivée prochaine du pic pétrolier qui se traduirait par « une augmentation brutale du prix de l'énergie entraînant l'écroulement des systèmes de transport : l'aviation civile s'effondrerait, l'habitat rural serait désorganisé en raison de sa dépendance à l'égard de l'automobile. Le choc s'accompagnerait d'un chômage massif et de guerres violentes pour le contrôle du pétrole du Moyen-Orient ». La production agricole serait aussi affectée, en raison de la dépendance de l'agriculture productiviste au pétrole, par les tracteurs, les engrais industriels et la culture sous serre. Deux ingénieurs, Jean-Marc Jancovici et Alain Grandjean, développent un scénario comparable : le déclin de la production pétrolière entraîne « une récession significative. Les sécheresses estivales se multiplient, réduisant drastiquement les rendements céréaliers. La crise énergétique réduit toutes nos capacités d'adaptation (qui supposent une énergie abondante et bon marché). Les maladies tropicales et les épidémies de grippe se multiplient, mais les infrastructures médicales sont débordées et l'inégalité devant les soins explose ».

Il est étonnant de constater que ces scénarios nous surprennent peu. Nous devinons la forme que prendra la catastrophe, parce que nous commençons à l'expérimenter sur une petite échelle : l'épizootie de grippe aviaire est une maquette des grandes épidémies imaginables, le chaos qui a suivi l'inondation de La Nouvelle-Orléans en septembre 2005 est une répétition modeste de celui qui suivra un continent ravagé par les tornades, la canicule de l'été 2003 en Europe un signe avant-coureur des fournaises qui s'annoncent. Bien sûr, l'avenir écrira des histoires qui échappent à notre imagination. Mais celle-ci peut déjà raisonnablement s'appuyer sur les désastres limités d'aujourd'hui pour esquisser un visage de demain.

Cependant, le plus stupéfiant est que le spectacle se répète déjà sous nos yeux, que les signes se multiplient avec une insistance appuyée, et que nos sociétés ne fassent rien. Car personne ne peut croire sérieusement que la célébration du « développement durable », qui se traduit par le mitage des paysages par les éoliennes, la relance du nucléaire, la culture des biocarburants, l'«investissement socialement responsable», et autres démarches des lobbies en quête de nouveaux marchés, puisse ne serait-ce qu'infléchir le cours des choses. Le «développement durable» est une arme sémantique pour évacuer le gros mot «écologie». Y a-t-il d'ailleurs besoin de développer encore la France, l'Allemagne ou les États-Unis ? Que tous les gens de bonne foi qui croient aux vertus du développement durable s'interrogent : Constatent-ils un ralentissement de la déforestation ? de l'émission des gaz à effet de serre ? de la bitumisation des campagnes ? de l'automobilisation de la planète ? de la disparition des espèces ? de la pollution des eaux ? Quelques bonnes nouvelles – le maintien du protocole de Kyoto, la bonne santé retrouvée de plusieurs espèces sauvages, l'essor de l'agriculture biologique – témoignent certes des luttes des uns et du souhait de beaucoup de changer les choses, à leur échelle. Mais le cours majeur suit la pente, et la pente est mal orientée.

Nous sommes en 1938 et nous chantons «Tout va très bien...».

Le développement durable sera efficace si l'on se donne le temps, croient-ils. Nous n'avons plus le temps. C'est dans les dix années à venir qu'il nous faut reprendre le gouvernail du cargo que dirigent aujourd'hui des capitaines irresponsables. Le «développement durable» n'a pour fonction que de maintenir les profits et d'éviter le changement des habitudes en modifiant, à peine, le cap. Mais ce sont les profits et les habitudes qui nous empêchent de changer de cap. Quelle est la priorité ? Les profits, ou le bon cap ?

La question centrale

Voici la question centrale : Alors que tout cela est clair, pourquoi le système est-il si obstinément incapable de bouger ?

Plusieurs réponses sont possibles.

Une réponse implicite de l'opinion commune est qu'au fond, la situation n'est pas si grave. Si tout citoyen attentif observe ici et là d'innombrables signaux d'alarme, le courant général d'information les noie dans un flot qui les relativise. Et il se trouve toujours d'habiles conservateurs, forts de leur notoriété, pour proclamer à coups d'arguments biaisés que tout cela est exagéré. Une variante est de reconnaître le sérieux du problème, en affirmant que l'on pourra s'y adapter presque spontanément, par de nouvelles technologies.

Mais il faut aller plus loin. Trois facteurs jouent pour minimiser l'importance de la situation.

D'une part, le cadre dominant d'explication du monde est aujourd'hui celui de la représentation économique des choses. Ainsi, le monde connaît une prospérité apparente marquée par la croissance des PIB (produit intérieur brut) et du commerce international.

Cette description est intrinsèquement faussée du fait que cette « croissance économique » ne paie pas le coût de la dégradation de l'environnement. En termes comptables, une entreprise doit minorer le bénéfice de son exploitation en mettant de côté des sommes, appelées « amortissement », destinées à compenser l'usure des moyens de production utilisés ; ainsi, quand ces moyens sont usés, l'entreprise dispose d'une réserve pour les remplacer. Mais l'entreprise « Économie mondiale » ne paie pas « l'amortissement de la biosphère », c'est-à-dire le coût de remplacement du capital naturel qu'elle utilise. Admissible quand les capacités d'absorption de la biosphère étaient grandes, cette conduite devient criminelle quand ces possibilités atteignent leurs limites.

L'opinion mondiale et les décideurs sont dans la même situation qu'un chef d'entreprise dont l'expert-comptable oublierait de compter l'amortissement. Ils croient que l'entreprise va bien alors qu'elle court à la faillite.

D'autre part, les élites dirigeantes sont incultes. Formées en économie, en ingénierie, en politique, elles sont souvent ignorantes en science et quasi toujours dépourvues de la moindre notion d'écologie. Le réflexe habituel d'un individu qui manque de connaissances est de négliger voire de mépriser les questions qui relèvent d'une culture qui lui est étrangère, pour privilégier les questions où il est le plus compétent. Les élites agissent de la même manière. D'où, de leur part, une sous-estimation du problème écologique.

Un troisième facteur ne saurait être oublié : le mode de vie des classes riches les empêche de sentir ce qui les entoure. Dans les pays développés, la majorité de la population vit en ville, coupée de l'environnement où commencent à se manifester les craquements de la biosphère. Elle est d'ailleurs largement protégée de ces craquements par les structures de gestion collective élaborées dans le passé et qui parviennent à amortir les chocs (inondations, sécheresses, séismes…) quand ils ne sont pas trop violents. L'Occidental moyen occupe la plus grande partie de son existence dans un lieu clos, passant de sa voiture au bureau climatisé, s'approvisionnant dans des hypermarchés sans fenêtres, déposant ses enfants à l'école en automobile, se distrayant chez lui dans le tête-à-tête avec la télévision ou l'ordinateur, etc. Les classes dirigeantes, qui modèlent l'opinion, sont encore davantage coupées de l'environnement social et écologique : elles ne se déplacent qu'en voiture, vivent dans des lieux climatisés, suivent des circuits de transport – aéroports, quartiers d'affaires, zones résidentielles – qui les mettent à l'abri du contact avec la société. Elles minorent évidemment les problèmes dont elles n'ont qu'une représentation abstraite.

Quant à ceux qui sont d'ores et déjà confrontés aux désordres sociaux et écologiques de la crise en cours – pauvres des banlieues occidentales, paysans d'Afrique ou de Chine, employés des *maquiladoras* américaines, habitants des bidonvilles de partout –, ils n'ont pas voix au chapitre.

À la question : Pourquoi rien ne change-t-il alors qu'il est si évidemment impératif de changer, une réponse d'un autre type pourrait encore être apportée. L'effondrement de l'URSS et l'échec du socialisme dans les années 1980 ont supprimé la possibilité de se référer à une alternative, ou plutôt, ont rendu l'idée de celle-ci irréaliste. Le capitalisme a bénéficié de son succès indéniable sur l'Union soviétique, tandis qu'il était stimulé par l'irruption de la micro-informatique et des techniques numériques, qui ont joué un rôle structurant comparable à celui du développement des chemins de fer au XIXe siècle et de l'automobile au XXe. Par ailleurs, le socialisme, devenu le centre de gravité de la gauche, est fondé sur le matérialisme et l'idéologie du progrès du XIXe siècle. Il a été incapable d'intégrer la critique écologiste. Le champ est ainsi libre pour une vision univoque du monde, qui jouit de sa victoire en négligeant les nouveaux défis.

Mais aucune de ces réponses n'est suffisante. La solution est autre et les englobe toutes.

Si rien ne bouge, alors que nous entrons dans une crise écologique d'une gravité historique, c'est parce que les puissants de ce monde le veulent.

Le constat est brutal, et la suite de ce livre devra le justifier. Mais on doit partir de là, sans quoi les diagnostics exacts des Lester Brown, Nicolas Hulot, Jean-Marie Pelt, Hubert Reeves, on en passe, qui se concluent invariablement par un appel à « l'humanité », ne sont que de l'eau tiède sentimentale.

Candides camarades, il y a de méchants hommes sur terre.

Si l'on veut être écologiste, il faut arrêter d'être benêt.

Le social reste l'impensé de l'écologie. Le social, c'est-à-dire les rapports de pouvoir et de richesses au sein des sociétés.

Mais l'écologie est symétriquement l'impensée de la gauche. La gauche, c'est-à-dire ceux pour qui la question sociale – la justice – reste première. Habillée de ce qui reste des haillons du marxisme, elle repeint sans cesse les chromos du XIXe siècle, ou s'abîme dans le « réalisme » du « libéralisme tempéré ». Ainsi, la crise sociale – marquée par le creusement de l'inégalité et par la dissolution des liens de solidarité tant privés que collectifs –, qui semble recouvrir la crise écologique, sert *de facto* à l'écarter du champ de vision.

On trouve donc des écologistes niais – l'écologie sans le social –, une gauche scotchée à 1936 ou à 1981 – le social sans l'écologie –, et des capitalistes satisfaits : « Parlez, braves gens, et surtout, restez divisés. »

Il faut sortir de ce hiatus. Comprendre que crise écologique et crise sociale sont les deux facettes d'un même désastre. Et que ce désastre est mis en œuvre par un système de pouvoir qui n'a plus pour fin que le maintien des privilèges des classes dirigeantes.

Chapitre II

Crise écologique, crise sociale

La grande décharge de Guatemala Ciudad n'est pas éloignée du centre de la ville. On l'appelle simplement *Relleno Sanitario* – la fosse à ordures. La rue qui y mène change subtilement de caractère à mesure que l'on avance : des sacs de matières récupérées commencent à apparaître devant quelques magasins, on voit passer des gens avec des sacs de détritus, les maisons se raréfient, et l'on progresse maintenant entre deux clôtures de béton. Celles-ci s'interrompent, on y est. C'est une immense carrière, progressivement remblayée d'ordures, tassée à mesure, et avançant dans une vallée étroite et verdoyante. Notre camionnette descend lentement la route en lacets à la suite d'un camion poubelle. La scène est ample et colorée ; ceinturée de falaises et de bidonvilles construits sur une pente. Des dizaines de camions jaunes – et quelques charrettes tirées par un cheval – sont vidés à la main sur une terre mouchetée de toutes les teintes des plastiques, points verts, bleus, jaunes... Une odeur fade plane. Parmi cette plaine d'ordures et de terre poussées par quelques bulldozers, des centaines d'hommes, de femmes et d'enfants fouillent, ratissent, remplissent des sacs, ou sont assis et discutent. Des chiens errent ici et là, tandis que des oiseaux noirs volent dans le ciel d'azur ou arpentent le terrain par groupes.

La décharge fait plusieurs hectares. Dans un coin se dressent des cahutes faites de bois, de feuilles de plastique et de tôle ondulée : y sont installés un bar – on peut s'y restaurer –, des grossistes, et quelques habitants, qui restent à demeure. Parfois, on trouve de la viande dans les camions – elle sera servie au bar, qui sait ?

La décharge, donc, avance dans la vallée où serpente le Río Baranco, à une trentaine de mètres en contrebas des ordures tassées qui la comblent progressivement. Ancienne rivière, asphyxiée, polluée, elle ne recueille plus que le jus qui suinte abondamment de la montagne d'immondices quand il pleut. Des éboulements de terrain se produisent souvent, que la municipalité colmate en faisant apporter des couches de terre. Ainsi la montagne pourrie progresse en suivant le cours de la rivière empoisonnée.

Araceli et Gamaliel sont une femme et un homme d'environ trente ans. Ils travaillent là depuis deux ans, et vivent à 20 kilomètres. Ils viennent tous les jours par le bus. À eux deux, ils gagnent 35 quetzals par jour (3,50 euros). Ils n'ont pas de spécialité, ramassent un peu tout ce qu'ils peuvent et le revendent à des commerçants installés sur la décharge. Ceux-ci vont écouler le butin sur le plus grand marché de la ville, qui est situé près de la gare routière. Quand il pleut, le travail est impossible. Araceli et Gamaliel mangent peu, ce qu'ils ont préparé à la maison. Lui était mécanicien au Nicaragua. Le patron ne voulait pas le payer, il est parti. Il n'a pas de papiers, mais ici, on ne voit pas la police. Araceli a quatre enfants. Elle gardait des enfants pour d'autres, et puis a perdu sa place. Elle a choisi ce travail pour survivre.

Christian, de Médecins sans frontières, me dit que les *guajiros* ont beaucoup d'affections respiratoires. Mais notre petit groupe attire les regards, il vaut mieux partir. Nous allons dans un vallon non loin de la décharge, où une cité s'est installée sur le terrain meuble d'un autre dépôt d'ordures, arrivé à saturation. Les gens n'avaient pas de maison, raconte Mateo Suretnoj, ils se sont réunis à cinq familles pour organiser l'invasion, le 14 octobre 1999. C'étaient, pour la plupart, des *guajiros* travaillant sur la décharge – avec 35 quetzals par jour, impossible de payer un logement. La police n'a pas réagi, et le maire les a laissés s'installer. Ils n'étaient venus qu'avec des feuilles de plastique. Peu à peu, ils ont construit les cabanes, et la « Communauté du 14 octobre » compte maintenant près de 500 âmes. Les enfants vont à l'école. Le soir, à 22 heures, on ferme la communauté à clé. La municipalité a installé une conduite d'eau et, depuis quelques mois, l'électricité. Sur le sol tassé, plusieurs des rues sont cimentées. Dans toutes les maisons, un tube est planté à cinquante centimètres de profondeur pour évacuer les gaz de fermentation qui se forment dans les immondices sous-jacentes. On plante des cyprès et des magnolias pour lutter contre l'érosion. Mais le terrain travaille, des fissures apparaissent sur les murets.

C'était en novembre 2001. Je revenais d'un reportage sur la famine dans les collines de l'arrière-pays guatémaltèque, et sur les blessures toujours pas refermées du terrible cyclone Mitch qui avait balayé l'Amérique centrale deux ans auparavant. J'étais tombé, si l'on peut dire, sur cet univers de misère dans les rebuts de la capitale, Guatemala Ciudad, elle-même imprégnée de détresse et de violence. Ces quelques heures dans la décharge me paraissaient mériter un reportage plus approfondi. Mais à Paris, mon correspondant au journal me dit d'un ton un peu ennuyé que ce n'était pas un sujet très original.

En fait, le journal n'avait que très rarement parlé des gens vivant dans les décharges. Mais par ailleurs, il est vrai que le fait que, aux quatre coins de la planète – à Manille, au Caire, à Mexico, dans presque toutes les capitales d'Amérique latine –, des milliers de misérables affrontent la merde, les maladies et l'indignité pour gagner quelques centimes, n'était pas nouveau.

Car la misère est si répandue qu'elle est d'une ennuyeuse banalité. Et il n'y aurait rien de très piquant à raconter Guatemala Ciudad. Rien de très passionnant à décrire ce village du Niger, un parmi tant d'autres, Fatai-Karma, où les hommes évoquent la sécheresse, le départ nécessaire des jeunes «en exode», les jours de disette quand il n'y a plus rien – « Alors il ne reste que la mort», dit un homme, et tout le monde rit. Rien de très original dans ces types qui vous demandent l'aumône, à Saskatoon, une ville riche de l'Ouest canadien, un soir d'hiver où le thermomètre marque moins quinze. Rien de très excitant à raconter ce que voient avec lassitude et sans plus y prêter attention les habitants des grandes villes de la planète.

Tenez, voici une des innombrables cartes de la misère, celle que dessine l'itinéraire matinal que j'emprunte pour me rendre à mon travail, à Paris. Rue de Buzenval, quand la poste ouvre, une Roumaine tient la porte, proposant le journal *L'Itinérant*. De l'autre côté de la rue, dans une encoignure du mur, trois hommes d'une trentaine d'années s'installeront dans la matinée pour une interminable palabre arrosée de canettes de bière ou de vin rosé. À l'entrée du métro, par intermittence, une femme aux cheveux gris et courts fait la manche. Je descends la rue de Montreuil puis la rue du Faubourg-Saint-Antoine sans plus rencontrer de pauvres hères – mais si j'allais à droite, au coin de la rue Faidherbe et de la rue de Chanzy, je croiserais dans le coin d'un immeuble une des tentes, distribuées pendant l'hiver 2005 par Médecins du monde, qui donnent un semblant de toit aux sans-abri. Tournant sur l'avenue Ledru-Rollin, je retrouve des miséreux sur le coin du pont qui part vers le quai d'Austerlitz : un groupe s'est implanté depuis plusieurs mois. Des hommes assez jeunes qui, dans la journée, interpellent les passants, les priant de déposer une obole dans une boîte de conserve accrochée par une ficelle au bout d'une baguette – ils pêchent la pièce. De l'autre côté de la place, avant l'arrêt de bus, un soupirail de métro exhale un nuage de chaleur. Il est rare qu'il n'y ait pas là un homme allongé, sans couverture, dormant sur la grille, à deux pas du vacarme et des pots d'échappement de l'intense circulation de cet endroit. Rue Buffon, en face du jardin des Plantes, des hommes sommeillent souvent dans des sacs de couchage à l'entrée d'un immeuble en recul sur la rue, et qui forme ainsi un recoin accueillant. Moins confortables, les grilles des soupiraux plus haut dans la rue, à droite, sont parfois occupées par des vagabonds, sans autre matelas qu'une plaque de carton. Auparavant, il y avait aussi dans le secteur un gars qui inspectait les poubelles avant le passage de la benne à ordures, mais je ne l'ai pas vu depuis longtemps. Le prochain jalon sur ce circuit d'infortune que parcourt mon vélo se situe rue Broca où, sous le pont du boulevard de Port-Royal, une quasi-maison s'est installée : c'est une chambre à coucher sans murs, meublée d'un grand matelas, d'un canapé défoncé, et d'un assemblage hétéroclite de sacs de plastique, de plaques de carton et de Caddies pleins d'objets de récupération. J'arrive au journal qui m'emploie. Naguère, deux clochards avaient installé sous le métro aérien une improbable cabane où ils passaient leurs journées au milieu d'un amoncellement d'objets mimant un foyer en dur. Le méchant loup a dû passer par là, et souffler très fort sur la maison de fétus, il n'y a plus rien. Je suis certain que, comme moi, mes camarades journalistes se disaient, avec un pincement quelque part, qu'il y avait là un petit papier à faire, un de ces croquis qui disent tant de choses sur le monde. Mais là, sous nos yeux, trop facile… Trop banal.

La misère. Les pauvres. *Et caetera*.

Le retour de la pauvreté

L'émotion – ou l'empathie – ne dessine toujours qu'un tableau incomplet. Les chiffres complètent la figure.

« Au cours de l'hiver 2005-2006, les centres d'hébergement pour sans-abri ont été confrontés, dans 54 % des départements, à une hausse de la demande », annonce en avril 2006 la ministre à la Cohésion sociale. De plus en plus de gens vivent en France dans des caravanes, peut-être quelques centaines de milliers. On compterait dans le monde plus de 120 millions d'enfants vivant seuls, selon l'Unicef (Fonds des Nations unies pour l'enfance) et le BIT (Bureau international du travail).

« En 2004, en France, près de 3,5 millions de personnes ont perçu une allocation de minima sociaux. Soit une augmentation de 3,4 % par rapport à l'année précédente. Le nombre de bénéficiaires du RMI (425 euros pour une personne seule, 638 pour un couple) a bondi de 8,5 % pour atteindre 1,2 million. Principales victimes : les personnes seules, les familles monoparentales et les jeunes. »

Selon l'ONPES (Observatoire national de la pauvreté et de l'exclusion sociale), on compte près de 3,7 millions de pauvres en France en 2003 ; mais 7 millions (soit 12,4 % de la population) selon la définition européenne. Quelle est la définition usuelle de la pauvreté ? C'est un seuil de revenu : est pauvre en France une personne seule qui gagne moins de 50 % du revenu médian. Le revenu médian est la somme qui partage la population en deux, la moitié des gens étant en dessous de ce revenu, l'autre moitié étant au-dessus. Il était début 2006 de 1 254 euros mensuels, ce chiffre étant compris comme net de cotisations et intégrant les transferts publics, par exemple les allocations familiales. Ce niveau s'ajuste selon le nombre de personnes par foyer : chaque adulte supplémentaire et chaque enfant de plus de quatorze ans comptent pour une demi-part supplémentaire, chaque enfant de moins de quatorze ans pour 0,3 part. Par exemple, le revenu médian d'un couple avec deux enfants de moins de quatorze ans est de 2 633 euros ; et une famille de cette composition sera dite pauvre si son revenu est inférieur de moitié à ce chiffre, soit 1 316 euros. La définition de l'Union européenne suit la même approche, mais fixe le seuil de pauvreté à 60 % du revenu médian.

En Suisse, l'association Caritas estime le nombre de pauvres en 2005 à un million, soit 14 % de la population ; en 2003, ils étaient 850 000 ; quant aux indigents – dénués de toute ressource –, ils comptent pour 6 % de la population helvète. En Allemagne, la proportion de personnes vivant en dessous du seuil de pauvreté est passée entre 1998 et 2003 de 12,1 à 13,5 % de la population. En Grande-Bretagne, elle atteint 22 % en 2002. Aux États-Unis, 23 % de la population se trouvent en deçà de la moitié du revenu médian (c'est-à-dire selon la définition française de la pauvreté). Au Japon, « le nombre de ménages qui ne disposent pas d'économies a doublé en cinq ans pour atteindre le pourcentage de 25 %. (…) Le nombre de foyers dépendant de l'aide sociale a augmenté d'un tiers en quatre ans pour atteindre un million ».

Les pauvres sont-ils paresseux ? Non. L'occupation d'un

emploi salarié ne protège plus du dénuement. « Un tiers des personnes sans domicile fixe de la capitale déclarent avoir un emploi », découvre-t-on tandis que plusieurs dizaines d'employés de la mairie de Paris ont eux-mêmes perdu leur logement. Comme l'explique l'économiste Jacques Rigaudiat : « Avec la montée des CDD [contrats à durée déterminée], de l'intérim, et aujourd'hui du CNE [contrat nouvelle embauche], on assiste à une dislocation des formes traditionnelles du statut de l'emploi. » L'ONPES confirme : « Le caractère précaire d'un nombre croissant d'emplois et la faiblesse de certaines rémunérations conduisent des personnes qui ont pourtant travaillé tout au long de l'année à des situations de pauvreté. » Le phénomène est tout sauf négligeable : pour Pierre Concialdi, chercheur à l'IRES (Institut de recherches économiques et sociales), « selon les seuils retenus et les sources statistiques, il y a en France entre 1,3 et 3,6 millions de travailleurs pauvres. Sur les dernières années, tout porte à penser que le phénomène s'amplifie ». L'évolution est la même dans les autres pays, telle l'Allemagne : selon Franz Müntefering, ministre du Travail, « 300 000 salariés à plein-temps gagnent si peu d'argent qu'ils doivent se tourner vers l'aide sociale ».

Les experts se disputent pour savoir si la pauvreté est en augmentation. Selon le Réseau d'alerte sur les inégalités, qui publie le Bip 40 (Baromètre des inégalités et de la pauvreté), intégrant une soixantaine d'indicateurs autres que le seul revenu monétaire, « la montée des inégalités et de la pauvreté se poursuit depuis vingt ans ». L'INSEE, l'Institut français de statistique économique, estime cependant que le taux de pauvreté a légèrement baissé entre 1998 et 2002. Mais le consensus se fait sur l'idée que, après plusieurs décennies de régression, la pauvreté ne recule plus. « Il y a une inversion de tendance », résume Louis Maurin, directeur de l'Observatoire des inégalités.

De surcroît, la pauvreté n'est plus une sorte de domaine séparé de la société, un enfer bien délimité et regrettable : c'est tout le corps social qui est entraîné dans un cycle de fragilisation. « Les frontières de la pauvreté se brouillent, observe Martin Hirsch, président d'Emmaüs France. Il n'y a pas d'un côté les pauvres correspondant strictement à la définition statistique du terme, et de l'autre, 90 % de la population à l'abri de la pauvreté. On observe au contraire une diffusion des facteurs de précarité, formant comme un grand halo de vulnérabilité au-delà de la population dont les ressources sont inférieures au seuil de pauvreté monétaire. » Pour Jacques Rigaudiat, il est ainsi plus pertinent de parler de précarité que de pauvreté : « Un quart ou un tiers de la population vit en situation précaire. Ce sont donc en gros près de vingt millions de personnes qui sont concernées, c'est-à-dire les ménages gagnant moins de 1,7 ou 1,8 SMIC [salaire minimum interprofessionnel de croissance]. » Vingt millions, soit un tiers de la population française.

La mondialisation de la pauvreté

Si les pays développés redécouvrent la pauvreté, elle reste bien présente dans les pays du Sud. « Un milliard de personnes survit dans la pauvreté absolue avec moins d'un dollar par jour », relève le PNUD (Programme des Nations unies pour le développement), un autre milliard se débrouille avec moins de deux dollars par jour. On estime aussi que 1,1 milliard d'humains ne disposent pas d'eau potable, que 2,4 milliards n'ont pas de sanitaires corrects.

Il serait cependant fallacieux de présenter un tableau d'appauvrissement général. L'espérance de vie augmente dans les pays du Sud, ce qui est le signe d'une amélioration incontestable, tandis que la pauvreté extrême a reculé, passant de 28 % de la population mondiale en 1990 à 21 % aujourd'hui.

L'importance de la Chine, et à un moindre degré de l'Inde, pèse beaucoup dans cette évolution planétaire. La croissance des deux géants asiatiques a induit un enrichissement moyen de leur population, que traduit la diminution des pauvres : « La part de la population vivant avec moins de un dollar par jour est tombée de 66 % en Chine entre 1980 à 17 % en 2001, de plus de 50 % en Inde en 1980 à 35 % en 2001. » De même, la Chine a su faire reculer de 58 millions depuis 1990 le nombre de ses citoyens qui souffrent de la faim.

Mais à l'échelle mondiale, les progrès se sont beaucoup ralentis : « Depuis le milieu des années 1990, la pauvreté mesurée par le seuil de un dollar par jour a baissé cinq fois plus lentement qu'entre 1980 et 1996. » De même, la faim ne recule plus. Le rapport sur l'insécurité alimentaire de la FAO (Organisation pour l'alimentation et l'agriculture), en 2003, a surpris les observateurs : alors que le nombre d'affamés dans le monde décroissait régulièrement depuis plusieurs décennies, il a recommencé à augmenter depuis 1995-1997. On évaluait ainsi à 800 millions le nombre d'habitants des pays sous-développés ne mangeant pas à leur faim, tandis que 2 milliards d'humains souffrent de carences alimentaires. L'Inde elle-même voit le nombre de ses citoyens sous-alimentés augmenter à nouveau (221 millions), et la Chine échoue à en réduire davantage le nombre (142 millions). « L'inflexion de tendance, expliquait à Rome un expert de l'organisation, Henri Josserand, renvoie à l'augmentation de la pauvreté. Certes la production agricole dans le monde croît plus vite que l'augmentation de la population, et il y a assez à manger pour tous. Mais les pauvres sont de plus en plus nombreux, et manquent de moyens pour l'accès à une alimentation régulière.»

En fait, au niveau mondial, la machine sociale est en panne. L'accroissement général de richesse monétaire ne se traduit plus que difficilement par un progrès des conditions matérielles d'existence de la grande masse de la population. Un indice frappant en est l'extension de la pauvreté urbaine : l'urbanisation n'est plus ce qu'elle était jusqu'à présent, un moyen pour les paysans d'améliorer leur destin en fuyant l'indigence de la campagne. Non seulement un milliard de citadins (sur trois milliards dans le monde) vivent dans des bidonvilles, relève l'organisme des Nations unies chargé de l'habitat, mais la pauvreté devient «un caractère majeur et en expansion de la vie urbaine». On fuit la disette rurale, mais l'on se retrouve en ville dans des cahutes sans eau et sans électricité, à guigner des emplois incertains dans l'incertitude permanente du lendemain. Et, souvent, le ventre creux.

Les riches toujours plus riches

Il n'y a pas de lien obligé entre la pauvreté et l'inégalité. Mais de nos jours, la pauvreté s'étend comme le reflet de l'augmentation des inégalités, tant à l'intérieur des sociétés qu'entre les groupes de nations.

En France, selon l'INSEE, «le revenu brut moyen des 20 % des ménages les plus aisés reste supérieur de 7,4 fois à celui des 20 % les plus modestes. L'écart se réduit à 3,8 après l'intégration des charges fiscales (impôts directs, CSG, CRDS...) supportées par les uns et des différentes allocations et des aides publiques versées aux autres». Selon Pierre Concialdi, de l'IRES, «depuis une vingtaine d'années, la condition salariale moyenne s'est dégradée : les salaires sont loin d'avoir augmenté au même rythme que la croissance. La tendance est la même pour les prestations sociales. Parallèlement, la masse des revenus du patrimoine a été multipliée en pouvoir d'achat par trois depuis la fin des années 1980 ».

Cet étirement de l'échelle des inégalités se retrouve dans tout le monde occidental. Pour l'économiste Thomas Piketty, depuis 1970, « l'inégalité n'a véritablement augmenté qu'aux États-Unis et au Royaume-Uni, mais dans tous les pays, l'inégalité des salaires a au minimum cessé de décroître dans les années 1980 ». En fait, une étude menée par Piketty et Emmanuel Saez montre qu'aux États-Unis, au Canada et au Royaume-Uni l'inégalité a retrouvé à partir des années 1990 son niveau très élevé des années précédant la Seconde Guerre mondiale : le dixième de la population le plus riche capte plus de 40 % du revenu total, alors que sa part était stable à quelque 32 % depuis 1945.

Aux États-Unis, résume *The Economist,* « l'inégalité des revenus a atteint des niveaux qu'on n'avait pas vus depuis les années 1880. (…) Selon un cabinet d'études de Washington, l'Economic Policy Institute, entre 1979 et 2000, le revenu réel des foyers situés dans le cinquième le plus pauvre de la population a crû de 6,4 % tandis que celui des ménages du cinquième supérieur a crû de 70 %. (…) En 1979, le revenu moyen du 1 % du sommet était 133 fois celui des 20 % les plus modestes ; en 2000, le rapport atteignait 189 ». « L'inégalité a crû régulièrement depuis presque trente ans », se réjouit le magazine conservateur *Forbes,* qui peut ainsi signaler que les présidences démocrates de Carter et Clinton n'ont rien changé à cette tendance de fond…

Au Japon, observe le journaliste Philippe Pons, jusqu'au début des années 1990, « la majorité des Japonais pensaient appartenir à une vaste classe moyenne. Cette perception a volé en éclats». À ce moment, «les inégalités ont commencé à se creuser à la suite de l'éclatement de la bulle financière (...) L'écart des revenus s'est creusé parmi les jeunes générations (vingt-trente ans) en raison de la précarisation et de la fragmentation du marché de l'emploi par l'accroissement du travail temporaire ou intérimaire. (...) À une classe supérieure qui surfe sur la vague de la reprise fait pendant une autre, elle, entraînée vers le bas : les ménages aux revenus intermédiaires, principales victimes de la récession, ont vu leur niveau de vie se dégrader».

Partout, le pouvoir d'achat a décroché des gains de productivité, à la différence de ce qui se passait entre 1945 et 1975. Et les situations sociales se figent : «Au milieu des années 1950, écrit Louis Maurin, les cadres touchaient en moyenne 4 fois plus que les ouvriers, mais ces derniers pouvaient espérer rattraper le salaire moyen des cadres de 1955 vers 1985, compte tenu du rythme de progression des salaires. Au milieu des années 1990, les cadres ne touchaient plus "que" 2,6 fois le salaire moyen des ouvriers, mais il fallait à ces derniers trois siècles pour espérer arriver à ce niveau» : on gagne beaucoup moins que d'autres, ce qui est supportable, mais on a perdu l'espoir de les rattraper, ce qui l'est beaucoup moins. La mobilité sociale est en panne.

Il en résulte une inégalité nouvelle entre générations : les membres des classes moyennes et modestes découvrent qu'ils ne peuvent pas garantir à leurs enfants un niveau de vie amélioré par rapport au leur. Le patrimoine et les revenus des adultes de plus de quarante ou cinquante ans sont nettement plus élevés que ceux des adultes plus jeunes. Les pauvres ne sont plus les mêmes qu'il y a vingt ans, note le sociologue Louis Chauvel : «Naguère, il s'agissait de vieux qui devaient bientôt disparaître. Aujourd'hui, les pauvres sont avant tout des jeunes, pleins d'avenir dans la pauvreté. »

Observer les seuls revenus enjolive d'ailleurs le tableau général ; il faudrait davantage étudier les patrimoines qui sont moins bien appréhendés par les statisticiens que les revenus. Les disparités en sont beaucoup plus fortes que les inégalités de salaires et de revenus. « Si, en matière de pouvoir d'achat, le rapport entre les 10 % les plus riches et les 10 % de la population les plus pauvres est, selon l'INSEE, de 1 à 4, il passe de 1 à 64 lorsqu'il s'agit de la valeur des biens possédés ! Et encore, poursuit le journal *Marianne,* faut-il comptabiliser pour les plus modestes les biens durables, tels les scooters, pour ne pas obtenir un ratio qui tend vers l'infini. » Les revenus de ce capital profitent d'abord aux plus riches. L'inégalité des patrimoines conduit à une inégalité concrète bien plus grande que ce qu'indique l'inégalité des revenus.

Naissance de l'oligarchie mondiale

Dans la majorité des pays non occidentaux, l'inégalité est le plus souvent très grande. Au Guatemala en 1997, par exemple, 20 % de la population captait 61 % du revenu national. Généralement, l'Amérique latine et l'Afrique ont des structures beaucoup plus inégalitaires qu'en Asie et que dans les pays développés. Mais en Asie comme dans les pays riches, l'inégalité gagne du terrain. En Inde, l'enrichissement du pays « ne s'est pas accompagné d'un déclin spectaculaire de la pauvreté », note le PNUD. En Chine, résume le mensuel *Alternatives économiques*, « la réponse du Parti communiste [à la révolte étudiante de 1989] avait consisté à accélérer le développement économique, tout en renforçant son contrôle dans tous les domaines : politique, médiatique, judiciaire et économique. Du coup, une oligarchie s'est constituée, associant étroitement ce pouvoir politique, toujours communiste et dictatorial, et un pouvoir économique, de plus en plus ouvertement capitaliste et tourné vers l'enrichissement privé. Sans se soucier de la situation des laissés-pour-compte, dont la situation continuait de s'aggraver. En à peine trente ans, la Chine est ainsi devenue un des pays les plus inégalitaires de la planète ». Un patron chinois, Zhang Xin, de la firme immobilière Soho China, confirme l'analyse : « Le plus grand défi qu'affronte la Chine est la disparité des revenus. Les plus élevés croissent toujours plus vite tandis que la masse de la population en est encore à essayer de satisfaire les besoins de base. »

Enfin, il faut rappeler l'immense écart qui existe entre pays riches et pays pauvres. Selon le PNUD, il ne diminue plus entre pays riches et pauvres pour des indicateurs comme l'espérance de vie, la mortalité infantile ou l'alphabétisation. Non seulement les pays les plus pauvres « n'ont pu réduire la pauvreté, mais ils prennent de plus en plus de retard sur les pays riches. Mesuré aux extrêmes, le fossé entre le citoyen moyen des pays les plus riches et celui des pays les plus pauvres est immense et continue de s'élargir. En 1990, l'Américain moyen était 38 fois plus riche que le Tanzanien. Aujourd'hui, il est 61 fois plus riche ».

L'inégalité entre pays du Nord et pays du Sud prend une autre forme. Le rapide développement de la Chine – comme de l'Inde, du Brésil, etc. – se fait à un coût écologique immense. Certes, au XIXe et au XXe siècle, l'Europe et les États-Unis ont eux aussi crû rapidement au prix d'une pollution énorme et de la transformation massive de leur environnement. Les grands pays émergents suivent le chemin de leurs prédécesseurs.

Mais ceux-ci bénéficiaient d'une ressource essentielle : l'amortisseur écologique que constituait le reste de la biosphère pour absorber leur pollution. Les pays du Sud ne disposent plus de cette richesse, et la limite écologique va plus précocement brider leur essor. Le Sud « ne peut pas amortir les effets négatifs de la croissance, et c'est là un problème mortel », écrit Sunita Narain, directrice du Centre pour la science et l'environnement de New Delhi, en Inde.

Pour réduire la pauvreté, abaisser les riches

Au regard de ce tableau sommaire de la pauvreté et de l'inégalité mondiales, il importe de faire deux observations.

En premier lieu, la pauvreté n'est pas un état absolu. On le comprend mieux en recourant à une de ses autres définitions, adoptée par le Conseil de l'Europe en 1984 : sont pauvres « les personnes dont les ressources (matérielles, culturelles ou sociales) sont si faibles qu'elles sont exclues des modes de vie minimaux acceptables dans l'État membre où elles vivent ». C'est dire que la pauvreté est toujours relative : un pauvre en Europe aujourd'hui est sans doute plus riche qu'un serf au Moyen Âge ou qu'un mineur au temps de *Germinal* ; il est également plus riche qu'un jeune chômeur de La Paz ou de Niamey. Par exemple, Mateo, du bidonville de Guatemala Ciudad, envierait probablement la caravane où vit l'employé toulousain en difficulté, et pour qui elle est signe de déchéance.

Au sein d'une même société, on est d'abord pauvre parce qu'on est beaucoup moins riche que les riches. Cette relativité de la pauvreté, qui prend la forme d'un truisme apparent – on est pauvre parce que l'on n'est pas riche –, a une conséquence cruciale : elle signifie qu'une réduction de l'inégalité (au sein d'une société comme à l'échelle planétaire) réduit la pauvreté.

Ceci, qui heurte le sens commun, doit se compléter par une autre remarque : une politique visant à réduire l'inégalité chercherait aussi à renforcer les services collectifs qui sont indépendants des revenus de chacun. En effet, généralement, plus une société est inégalitaire, plus les services collectifs y sont mal assurés : par exemple, aux États-Unis, qui sont le pays occidental le plus inégalitaire, « les dépenses de santé représentent 14 % du PIB (contre 10,3 % aux Pays-Bas et en France) », relève André Cicolella ; « près de 60 millions d'Américains sont sans couverture maladie, les coûts de gestion sont de 14 % (contre 5 % en France) », alors que « les indicateurs sanitaires, selon l'OMS, placent les États-Unis au 37e rang mondial, loin derrière tous les pays européens ainsi que derrière le Costa Rica et le sultanat d'Oman ». L'amélioration des services collectifs entraînerait donc une amélioration de la situation matérielle des pauvres. On devine que cela se réaliserait par un transfert d'une partie des ressources des plus riches vers ces services utiles à tous.

La pauvreté oubliée : la misère écologique

Deuxième observation : la pauvreté est liée à la dégradation écologique. Les pauvres vivent dans les endroits les plus pollués, à proximité des zones industrielles, près des voies de communication, dans les quartiers mal desservis en eau ou en ramassage d'ordures. Une façon d'appréhender la pauvreté autrement qu'en termes monétaires passerait ainsi par une description des conditions environnementales d'existence. De surcroît, ce sont les pauvres qui subissent prioritairement l'effet de la crise écologique : en Chine, avertit Zhou Shenxian, le ministre de l'Environnement, « l'environnement est devenu une question sociale qui stimule les contradictions sociales » ; en 2004, indiquait-il, le pays avait connu 51 000 conflits liés à l'environnement. On y compte par exemple des dizaines de « villages du cancer », bordés d'usines chimiques qui rejettent sans vergogne les polluants dans l'air et dans l'eau, ce qui provoque de graves maladies chez leurs voisins impuissants. De même, les conflits liés au vol des terres des paysans pour nourrir une spéculation foncière effrénée se multiplient-ils : 74 000 en 2004 contre 58 000 en 2003 ; ce conflit d'appropriation des terres conduit à des heurts sanglants (6 paysans tués par la police en juin 2005, 20 en décembre 2005).

Ce ne sont pas là des spécificités chinoises. Les conflits fonciers sont violents au Brésil (39 assassinats en 2004). Le changement climatique affecte d'abord les paysans du Sahel. L'extension des cultures du soja en Amérique latine se fait en bonne partie aux dépens des petits fermiers. Les catastrophes d'origine naturelle – inondations, cyclones, raz-de-marée – frappent d'autant plus violemment les pauvres qu'ils ont moins les moyens de s'en protéger et pas d'assurance réparatrice.

« Dans de nombreux cas, constatent les experts du Millenium Ecosystem Assessment, ce sont les pauvres qui souffrent de la perte des services écologiques due à la pression exercée sur les systèmes naturels au bénéfice d'autres communautés, souvent dans d'autres parties du monde. Par exemple, les barrages bénéficient surtout aux villes à qui ils fournissent eau et électricité, tandis que les ruraux peuvent perdre l'accès à la terre et à la pêche. La déforestation en Indonésie ou en Amazonie est partiellement stimulée par la demande de bois, de papier et de produits agricoles de régions éloignées des zones exploitées, tandis que ce sont les indigènes qui pâtissent de la disparition des ressources de la forêt. L'impact du changement climatique s'exercera surtout sur les parties les plus pauvres du monde – par exemple en exacerbant la sécheresse et en réduisant la production agricole des régions les plus sèches – alors que l'émission des gaz à effet de serre provient essentiellement des populations riches. »

Un lien entre pauvreté et crise écologique passe de surcroît par l'agriculture. Au niveau mondial, la pauvreté concerne majoritairement les paysans : deux tiers de ceux qui subsistent avec moins de un dollar par jour vivent dans les zones rurales. Le choix implicite des pouvoirs économiques à travers la planète est de considérer que la question se réglera par l'exode rural, les paysans pauvres étant censés trouver en ville les ressources procurées par le développement industriel. La faiblesse des politiques agricoles favorise la mauvaise exploitation des terres, leur érosion, puis leur déshérence. Les paysans, à bout, quittent leur village. Or, on l'a vu, la ville n'est plus le lieu de la prospérité promise. Les pas du paysan famélique le conduisent à la misère des bidonvilles.

Mais ce n'est pas seulement l'absence de politiques agricoles qui engendre cette situation. La mise en concurrence sur le marché mondial d'agriculteurs du Nord – suréquipés et pouvant produire à bas coût près de cent tonnes de céréales par actif et par an – et d'agriculteurs dénués de moyens suffisants et produisant moins d'une tonne aboutit à l'appauvrissement, à la faillite et à l'exode de ceux-ci. En fait, comme le relève l'agronome Marc Dufumier, « ce que certains appellent le "libre-échange" n'est rien d'autre que la mise en concurrence d'agriculteurs dont les conditions de productivité sont extrêmement inégales ». Ce déséquilibre est d'autant plus absurde que la forte productivité des agricultures du Nord est obtenue au prix de dommages écologiques importants

– consommation excessive d'eau, épandage de pesticides nocifs, utilisation massive d'engrais provoquant l'eutrophisation de l'eau ou sa pollution par les nitrates.

Au total, pauvreté et crise écologique sont inséparables. De même qu'il y a synergie entre les différentes crises écologiques, il y a synergie entre la crise écologique globale et la crise sociale : elles se répondent l'une l'autre, s'influencent mutuellement, s'aggravent corrélativement.

Chapitre III

Les puissants de ce monde

Oligarchie, nous apprend le dictionnaire, signifie « régime politique où l'autorité est entre les mains de quelques familles puissantes ; ensemble de ces familles ». La planète est aujourd'hui gouvernée par une oligarchie qui accumule revenus, patrimoine et pouvoir avec une avidité dont on n'avait pas eu d'exemple depuis les « barons voleurs » américains de la fin du XIXe siècle.

Entre 2000 et 2004, les émoluments des patrons des quarante plus grandes entreprises françaises cotées à la Bourse – dites du CAC 40 – ont doublé pour atteindre une moyenne de 2,5 millions d'euros annuels. Si l'on y inclut les stock-options dont ils bénéficient (il s'agit de la possession d'actions attribuées à un cours avantageux), le chiffre passe à 5,6 millions d'euros en 2004, selon le cabinet d'études Proxinvest, soit plus de 15 000 euros par jour. Les patrons français les mieux payés ont ainsi empoché en 2005 : 22,6 millions d'euros (Lindsay Owen-Jones, L'Oréal), 16,3 (Bernard Arnault, LVMH), 13,7 (Jean-René Fourtou, Vivendi), etc. Arnaud Lagardère (Lagardère SCA) était, hors stock-options, le mieux payé : 7 millions. Il faut descendre jusqu'au 79e patron du classement dressé par *Capital* pour passer en dessous du million d'euros de rémunération annuelle.

Les chefs d'entreprise ne sont pas seuls à bénéficier de la manne. Depuis 1998, les émoluments des 435 membres des comités de direction des sociétés du CAC 40 ont, selon Proxinvest, grimpé de 215 %, alors que, durant la même période, le salaire des Français n'a progressé que de 25 %.

Au salaire et aux stock-options, il convient souvent d'accorder à nos amis les patrons un cadeau de bienvenue lors de leur arrivée dans l'entreprise – deux ans de salaire –, une prime de sortie, une retraite-chapeau assurant 40 % du revenu – par exemple, 1,2 million d'euros par an pour Daniel Bernard, de Carrefour –, les frais payés – carte de crédit d'entreprise, repas, chauffeur, conseiller fiscal –, les jetons de présence pour participation aux conseils d'administration d'autres entreprises que la leur, etc. Ces conseils d'administration sont une coutume permettant à la tribu des dirigeants de raffermir ses liens ; les jetons ajoutent un agrément à la joie de se revoir : ils seraient en moyenne en 2004 de 34 500 euros.

La France n'est pas seule à choyer ses patrons. En 2005, selon une étude de Standard & Poor, la rémunération moyenne des P-DG des 500 plus grandes firmes des États-Unis s'élève à 430 fois celle du travailleur moyen – dix fois plus qu'en 1980. Le patron de Sonoco, John Drosdick, reçoit 23 millions de dollars par an, ceux d'ATT, Edward Whitacre, 17 millions, d'US Steel, John Surma, 6,7 millions, d'Alcoa, Alain Belda, 7,5 millions.

Quitter ces entreprises est l'occasion d'emporter un magot. En décembre 2005, Lee Raymond, le dirigeant d'Exxon, la grande compagnie pétrolière américaine, a pu soulager la tristesse de son départ avec un paquet de 400 millions de dollars. Le patron d'Occidental Petroleum s'est contenté de 135 millions de dollars en trois ans. Richard Fairbank, P-DG de Capital One Financial, a mieux joué : 249 millions de dollars quand il a levé ses stock-options en 2004.

En France, les cadeaux de départ sont moins plantureux, mais pas tout à fait dérisoires. Daniel Bernard, patron de Carrefour, part en avril 2005 avec des indemnités de licenciement de 38 millions d'euros auxquelles s'ajoute 0,6 % de capital en tant que stock-options, soit quelque 170 millions d'euros. Antoine Zacharias, P-DG de Vinci, quitte cette entreprise en janvier 2006 avec une prime de 13 millions d'euros, pour aider à lui faire oublier son salaire annuel de 4,3 millions de 2005, et que complète un matelas de plus de 170 millions de stock-options. Jean-Marc Espalioux, président du directoire d'Accor, part en janvier 2006 avec 12 millions d'euros. Igor Landau (Aventis), qui a perdu l'OPA que lui a lancée Sanofi, empoche également 12 millions. Havas se sépare d'Alain de Pouzilhac et de 7,8 millions.

En 1989, Jacques Calvet, dirigeant de Peugeot, avait fait scandale parce qu'il s'était accordé une rallonge de 46 % en deux ans – avec 2,2 millions de francs (330 000 euros), il pesait 30 fois le salaire d'un ouvrier de son entreprise. Aujourd'hui, ses collègues du CAC 40 gagnent plus de cent fois plus que le smicard. En 2000, rapporte *Le Monde,* le « gourou du management Peter Drucker » avait lancé une mise en garde : « Il y a trente ans, le facteur multiplicatif entre le salaire moyen d'une entreprise et le salaire le plus élevé était de 20. Maintenant, on avoisine les 200. C'est extrêmement pernicieux. Le banquier J. P. Morgan, dont on ne peut douter qu'il aimait beaucoup l'argent, avait fixé comme règle que le top management ne devait pas avoir un salaire qui excède vingt fois celui d'un salarié moyen. Cette règle était très sage. Il y a aujourd'hui une attention démesurée portée aux revenus et à la richesse. Cela détruit totalement l'esprit d'équipe. » M. Drucker a beau être « gourou », les managers ne l'ont pas écouté.

Le plus étonnant dans cette « bacchanale », pour reprendre le mot de *Forbes,* est que ce ne sont pas les salariés ou les partis de gauche qui protestent le plus vivement contre ce hold-up organisé, mais les actionnaires et les investisseurs, qui jugent que le partage de la plus-value en faveur desdits managers se fait à leur détriment...

La secte mondiale des goinfres goulus

Pourtant, les rentiers et spéculateurs qui vivent de la Bourse ne s'en sortent pas si mal. Entre 1995 et 2005, le revenu tiré des dividendes a crû de 52 % en France, selon une enquête de l'hebdomadaire *Marianne* ; dans le même temps, le salaire médian a augmenté de 7,8 %, soit sept fois moins. Début 2006, la presse française observait la progression des bénéfices distribués aux actionnaires par les entreprises du CAC 40 : + 33 %. Les esprits chagrins comparaient ce chiffre à la progression moyenne du pouvoir d'achat des salaires : + 1,4 %. « Ce bénéfice ne résulte d'aucune prise de risque, d'aucun comportement entrepreneurial. C'est bien un enrichissement de rentier qui s'est fait sans effort », commente Robert Rochefort dans *La Croix.*

Les agents de la finance accumulent eux aussi de coquettes pelotes : fin 2005, raconte *Le Monde,* « 3 000 banquiers de la City [londonienne] auront un bonus de plus de 1 million de livres », soit 1,45 million d'euros. La firme de conseil financier Goldman Sachs, qui a réussi trois des plus grosses fusions d'entreprises de 2005, distribue 10,5 milliards d'euros à ses 22 425 employés, soit 450 000 euros en moyenne pour chacun. Greenwich, près de New York, patrie des *hedge funds* (fonds spéculatifs), est un endroit où un revenu de moins de un million de dollars fait de vous «le plancton à la base de la chaîne alimentaire de l'économie», note le *Financial Times*.

D'autres individus, jouant sur la création d'entreprises, la Bourse, les fusions, etc., deviennent milliardaires. «En 1988, on considérait qu'un homme était riche avec cent millions d'euros, dit Philip Beresford, qui établit chaque année la liste des cinq mille premières fortunes britanniques. Aujourd'hui, ce serait plutôt un milliard!» La multiplication dans le monde du nombre de milliardaires est saisissante: en 1985, quand le magazine *Forbes* a commencé son recensement, il en comptait 140; en 2002, ils étaient 476; en 2005, 793. Ces 793 individus possèdent ensemble 2 600 milliards de dollars. Une somme qui équivaut, selon le Comité pour l'annulation de la dette du tiers-monde (CADTM), à «la totalité de la dette extérieure de tous les pays en développement». Une autre façon d'apprécier la chose est de constater, comme le fait le Programme des Nations unies pour le développement, que le revenu des 500 personnes les plus riches du monde est supérieur à celui des 416 millions les plus pauvres du monde. On finirait par se perdre dans tous ces chiffres, mais voilà: un hyper-riche touche plus que un million de ses frères humains réunis...

Il y a plus fort encore. La nouvelle s'est peu ébruitée, un petit papier en bas de page du *Monde*: des gens gagnent plus de un milliard de dollars par an. Oui: pas en capital, mais bien en revenu, eh oui, un milliard. J'avais du mal à croire ce que j'avais lu sous la plume de ma camarade Cécile Prudhomme, qui a déniché cette information extravagante. Elle m'a communiqué le document difficile à trouver qui recense le hit-parade des gagnants de cette loterie invraisemblable, les dirigeants des «meilleurs» fonds spéculatifs américains: James Simons, de Renaissance Technologies, et T. Boone

Pickens, de BP Capital Management, se sont ainsi respectivement enrichis en 2005 de 1,5 et 1,4 milliard de dollars, tandis que George Soros devait se contenter de 840 millions. En moyenne, en 2005, chacun des 26 dirigeants les mieux payés de ces fonds a gagné 363 millions de dollars, en augmentation de 45 % sur 2004.

La secte des hyper-riches n'a pas de patrie. *Forbes* recense 33 milliardaires en Russie, 8 en Chine, 10 en Inde. Et sur les 8,7 millions de millionnaires que compte la planète selon l'étude de Merrill Lynch et Capgemini, on en dénombre 2,4 millions en Asie, 300 000 en Amérique latine et 100 000 en Afrique.

Dans les pays les plus pauvres, la caste s'est constituée aux sommets de l'État en lien avec celle des pays occidentaux : les classes dirigeantes locales ont négocié leur participation à la prédation planétaire par leur capacité à rendre accessibles les ressources naturelles aux firmes multinationales ou à assurer l'ordre social. Dans les pays de l'ex-Union soviétique, une oligarchie financière s'est formée à côté des structures étatiques par l'appropriation des dépouilles de l'État. Comme l'observe un commentateur russe, « cette accumulation massive de richesse dans quelques mains n'est pas tant obtenue par des réussites dans le domaine de la production que par une constante redistribution de la richesse collective du bas vers le haut au moyen de l'abaissement des impôts sur les riches et de la distribution de nouveaux privilèges aux milieux d'affaires, tout en détruisant les mécanismes sociaux créés après la Seconde Guerre mondiale ».

En Asie, l'oligarchie fleurit aussi sur le développement des économies locales en s'accommodant, particulièrement en Chine, d'une exploitation poussée des travailleurs et du dépouillement des paysans.

L'oligarchie mondiale aime à protéger sa fortune dans les paradis fiscaux, havres de paix où l'imposition des héritages, fortunes et autres patrimoines est réduite au symbole. L'évasion fiscale fait d'ailleurs partie des règles de bonne gestion : « Lakshmi Mittal [dirigeant du groupe sidérurgique de même nom] vit à Londres, relate *Paris-Match*. Son groupe est immatriculé aux Pays-Bas, tandis que les holdings familiales sont basées au Luxembourg, aux Canaries, à Gibraltar et aux îles Vierges. "Rien d'anormal à cela, rétorque un porte-parole de Mittal. Cette structure répond à des soucis d'optimisation fiscale. Le groupe Arcelor utilise aussi les paradis fiscaux. Il a même des filiales immatriculées aux îles Caïmans". »

Les paradis fiscaux sont un utile moyen de pression pour suggérer aux États d'abaisser la fiscalité sur les riches. En Allemagne, les patrons ont obtenu du chancelier Schröder la suppression de la taxation de 52 % des plus-values sur la vente des participations. Au Japon, le taux maximal d'imposition sur les revenus était passé de 70 % à 37 % dans les années 1990 ; le Premier ministre Koizumi y a ajouté une réduction de la taxation des successions. En France, la réforme fiscale qui est entrée en œuvre en 2007 accorde 80 euros de baisse d'impôt à un smicard, mais 10 000 euros pour celui qui perçoit 20 000 euros mensuels... Selon l'Observatoire français des conjonctures économiques (OFCE), pas moins de 70 % des 3,5 milliards de réductions d'impôts prévues iront dans la poche de 20 % seulement des contribuables. Aux États-Unis, George Bush a mis en œuvre la « compassion » qui avait été un de ses slogans de campagne en 2000 : les baisses d'impôts réalisées à partir de 2001 représentent 1 900 milliards de dollars sur dix ans ; selon une étude de l'Urban Institute, une organisation de gauche, la réduction des taxes sur les dividendes a permis à ceux qui gagnaient plus de un million de dollars par an d'économiser 42 000 dollars sur la période – mais deux dollars seulement pour ceux qui gagnent entre 10 000 et 20 000 dollars.

« Si la justice vient à manquer, écrivait saint Augustin, que sont les royaumes, sinon de vastes brigandages ? »

Verrouiller la porte du château

La classe opulente devient une caste séparée de la société, qui se reproduit *sui generis* par transmission du patrimoine, des privilèges et des réseaux de pouvoir. Ainsi, par exemple, la France reconstitue-t-elle un capitalisme héréditaire qui remet à jour l'expression des « 200 familles » en vogue dans l'entre-deux-guerres. Chez les Lagardère, Jean-Luc transmet capital et pouvoir à son fils Arnaud. François Pinault confie les rênes à François-Henri. Les tribus Michelin et Peugeot maintiennent avec une salutaire obstination leurs entreprises dans le giron familial. Patrick Ricard dirige l'entreprise fondée par son père, comme Martin Bouygues, fils de Francis, ou Vincent Bolloré, héritier d'une dynastie de papetiers fondée en 1861. Gilles Pélisson est à la tête d'Accor grâce à son oncle Gérard. Vianney Mulliez, neveu de Gérard Mulliez, président d'Auchan, prend la relève de celui-ci, qui était fils du patron de Phildar. Antoine Arnault, vingt-sept ans, est nommé administrateur de LVMH, dont le P-DG est son papa, Bernard, lui-même fils du patron de Ferinel, une entreprise de mille employés ; Antoine rejoint sa sœur Delphine, qui était entrée au conseil en 2004.

Aux États-Unis, où *business* et politique sont quasiment

unifiés, « George Bush est le fils d'un président, le petit-fils d'un sénateur, et le fruit de l'aristocratie économique américaine, écrit *The Economist*. John Kerry, grâce à une épouse richissime, est l'homme le plus riche d'un Sénat plein de ploutocrates (...). Son prédécesseur, Al Gore, était le fils d'un sénateur. Il avait étudié dans une école d'élite privée, puis à Harvard. Et le challenger de gauche de M. Kerry ? Howard Brush Dean était le produit du même monde bas-bleu d'écoles privées – il a grandi dans les Hamptons et sur Park Avenue, à New York ».

« Où que vous regardiez dans l'Amérique moderne, poursuit l'hebdomadaire anglais des milieux d'affaires – des collines d'Hollywood aux canyons de Wall Street, des studios de Nashville aux corniches de Cambridge –, vous trouvez des élites maîtrisant l'art de se perpétuer elles-mêmes. L'Amérique ressemble toujours plus à l'Empire britannique, avec des réseaux dynastiques proliférants, des cercles verrouillés, le renforcement des mécanismes d'exclusion sociale et un fossé entre ceux qui prennent les décisions et définissent la culture, et la vaste majorité des travailleurs ordinaires. »

Les hyper-riches se pensent comme une nouvelle aristocratie. Plus que des études savantes, les anecdotes disent l'inconscient de la caste : quand, par exemple, M. Pinault convie ses relations à admirer l'installation de sa collection d'objets d'art, il choisit, à la table d'honneur, de se placer entre « Sa Majesté l'ex-impératrice d'Iran Farah Diba et Sa Grâce la duchesse de Malborough ».

Un des moyens les plus efficaces pour verrouiller la porte du château est de rendre très onéreuses les études supérieures, par lesquelles les individus brillants peuvent normalement accéder aux postes de commande. Ainsi, les meilleures universités ou écoles requièrent-elles des frais d'inscription hors de portée des classes pauvres et de plus en plus difficilement accessibles aux classes moyennes. À l'université Harvard, le revenu médian des familles des étudiants est de 150 000 dollars. Au Japon, on déplore « l'orientation désormais élitiste de l'éducation ». La richesse découle aujourd'hui d'un statut hérité, comme c'était le cas sous l'Ancien Régime, avant la Révolution française.

Comme des fous tristes

Une question simple est tout sauf anecdotique – on verra au chapitre suivant pourquoi : Comment les ploutocrates dépensent-ils leur argent ? L'histoire racontée par *Forbes* en donne une idée : « Le milliardaire Leslie Wexner a lancé la guerre des yachts en 1997 quand il baptisa *Limitless* qui, avec 96 mètres, était plus long de 33 mètres que son plus proche rival. Depuis, une compétition se déroule sur l'eau. Pour jouer, vous devez être prêt à dépenser jusqu'à 330 millions de dollars, et peut-être acheter plus d'un navire – le Russe Roman Abramovich en possède trois. La rumeur dit que Larry Ellison a demandé que le dessin de son *Rising Sun* soit adapté pour dépasser de quelques mètres l'*Octopus* de Paul Allen. » Lequel *Octopus* – 126 mètres de long – est équipé d'un terrain de basket, d'un héliport, d'une salle de cinéma et d'un sous-marin en fond de cale. Les hyper-riches français, eux, se contentent de peu : 32 mètres pour le *Magic Carpet II* de Lindsay Owen-Jones, 60 mètres pour le *Paloma* de Vincent Bolloré.

Voici quelques objets retenus par *Forbes* pour constituer son indice du coût de la vie « extrêmement bien » *(Cost of living extremely well)* : un manteau de fourrure russe chez

Bloomingdale's (160 000 dollars en 2005), douze chemises chez Turnbull & Asser (3 480 dollars), une caisse de champagne Dom Pérignon chez Sherry-Lehmann (1 559 dollars), une paire de fusils chez James Purdey & Sons (167 500 dollars). Parmi les autres moyens relevés par les gazettes de dépenser l'argent courant, on peut engloutir 241 000 dollars en une nuit dans un cabaret de strip-tease, comme Robert McCormick, P-DG de Savvis, installer la climatisation dans les box de ses chevaux de course, comme le magnat de Brunei, Haji Hassanal Bolkiah Mu'izzaddin Waddaulah, s'habiller sur mesure – 5 000 euros le costume –, se payer la voiture la plus chère du monde, la Bentley 728, pour 1,2 million de dollars, se procurer la plus rapide, 392 km/h, la Koenigsegg CCR, à 723 000 dollars, s'inscrire dans le club le plus sélect – donc le plus cher – du pays : en Chine, c'est le Chang An Club, à Pékin, droit annuel de 18 000 dollars. Ou fréquenter un centre de gymnastique sérieux – 50 000 dollars de droit annuel pour intégrer le Bosse Sports and Health Club de Sudbury, Massachusetts.

On achètera, bien sûr, des logis spacieux. Un garçon fortuné, comme Joseph Jacobs, manager d'un fonds spéculatif, cherche à construire à Greenwich, près de New York, une maison de 2 800 mètres carrés, comprenant quatre cuisines. À Paris, Bernard Arnault rachète à Betty Lagardère un hôtel particulier de 2 000 mètres carrés pour 45 millions d'euros. David de Rothschild vit dans une maison rue du Bac, Jérôme Seydoux occupe un immeuble entier rue de Grenelle. En fait, on aura plusieurs maisons, ou résidences, dans les grandes capitales ainsi que dans des endroits calmes : telle la propriété de Silvio Berlusconi en Sardaigne – 2 500 m^2 sur un terrain de 510 hectares – ou celle de Jean-Marie Fourtou au Maroc – 13 hectares de terrain, neuf chambres avec salles de bains, douze domestiques, une piscine chauffée de 200 mètres carrés.

La collection artistique marque le bon goût – et permet une déduction fiscale intégrale.

Dans un genre plus prosaïque, un banquier londonien expose la façon dont il va dépenser les 728 000 euros de prime touchés fin 2005 : « Notre financier entend acheter un terrain et agrandir sa résidence secondaire dans le Bedfordshire, une nouvelle Bentley, un collier de diamants pour son épouse et payer les droits des prestigieux pensionnats privés fréquentés par ses enfants. Ce fana de football a aussi acquis une place réservée pour dix ans au nouveau stade de Wembley, pour la modeste somme de 36 400 livres. La famille fera une donation de 10 000 livres à une œuvre de lutte contre le cancer du sein. Enfin, le professionnel de la City s'est précipité sur les meilleurs millésimes pour enrichir sa cave. » À Londres, « concessionnaires de voitures de sport, restaurateurs haut de gamme et magasins de luxe se frottent les mains. Avec l'engouement des *"gents"* pour le Botox et la liposuccion, les cliniques de chirurgie esthétique font des affaires ».

Les riches, comme les manants, vont en vacances : en 2005, les destinations à la mode semblaient Venise, l'île Moustique, la Patagonie. Un éminent personnage donne l'ordre de grandeur du budget à prévoir dans les bons endroits : Jacques Chirac à l'hôtel *Royal Palm,* sur l'île Maurice, 3 350 euros par jour, en 2000. Plus près du peuple, Dominique Strauss-Kahn et son épouse Anne Sinclair : « En juillet 1999, racontent leurs biographes, ils ont décliné l'invitation de James Wolfensohn, le patron de la Banque mondiale, qui les conviait à passer quelques jours dans son ranch aux États-Unis. Ils lui ont préféré l'Égypte avec les enfants, avant de faire un saut en tête à tête en Asie. Ils s'envolent aussi souvent le week-end pour le

Maroc, où le clan TF1 a ses habitudes, et où Dominique aime retrouver ses souvenirs. L'hiver, la famille skie à Méribel et depuis quelques années aux Arcs. »

Mais les vrais hyper-riches ont leur propre avion – ou celui de la compagnie. Compter de 1 à 40 millions d'euros. Il sera bien utile pour vivre les moments capitaux, tel Thierry Breton, alors patron de France Télécom, faisant l'aller-retour des États-Unis pour venir voir un match de rugby. On aura à cœur d'aménager son intérieur de bois précieux ou de marbre. Le manager avisé consulte le catalogue d'avions d'affaires comme d'autres choisissent un vélo ou une scie électrique ; nous lui conseillerons le Falcon 900EX, si peu gourmand – une tonne de carburant en moins consommée sur 1 600 kilomètres que ses concurrents – que son fabricant l'appelle *« green machine »*. Ah, voler dans son propre avion en se sentant un pur écologiste...

L'avion commence à faire un peu ringard. N'est-il pas plus chic de dépenser son magot dans l'espace ? Il en coûte 20 millions de dollars pour passer une semaine dans la station spatiale internationale, comme l'ont fait Dennis Tito, en mai 2001, Mark Shuttleworth en 2002 et Gregory Olsen en 2005. Mais on devrait bientôt trouver des vols moins chers, par exemple le vol suborbital à 100 000 dollars, organisé par Space Adventures, ou des vols commerciaux touristiques proposés vers 2008 par Virgin Galactic pour 200 000 dollars. À vrai dire, je ne sais pas exactement pourquoi, mais le vol spatial a déjà un petit côté vulgaire, trop m'as-tu-vu. Je vous conseillerais plutôt un sous-marin de croisière, tel le Phoenix proposé par US Subs sur commande : plus de 30 mètres de long, près de 400 tonnes, des appartements, de grands hublots pour voir l'extérieur, une autonomie de quinze jours – le capitaine Nemo n'a qu'à bien se tenir. Bon, 43 millions de dollars. Mais vous les valez, non ?

L'argent n'est plus caché : il faut au contraire l'exhiber. Et pour cela, rien ne vaut une belle fête. François Pinault invite à Venise, pour l'inauguration de son musée privé, 920 « amis ». Ils sont venus en avions privés, bien sûr, si bien que l'aéroport Marco Polo a été saturé – il a fallu dévier plusieurs des 160 jets vers d'autres aéroports d'où des hélicoptères ont emmené leurs passagers à la Cité des Doges. M. Pinault était ravi : il a fait mieux que son camarade Bernard Arnault, qui ne comptait que 650 convives au mariage de sa fille Delphine, « un grand mariage à la française » où se sont réunis « princes, stars et barons de la finance ».

Et les enfants ? Ils s'amusent comme des fous tristes : entre Neuilly et le XVIe arrondissement de Paris, raconte *Paris-Match,* « les filles s'appellent Chloé ou Olympia et s'habillent en Gucci. Les garçons conduisent une décapotable en attendant d'avoir le permis. Ils vont tous dans les mêmes lycées huppés mais finissent souvent dans une boîte à bac, sortent à L'Étoile, au Cab' ou aux Planches pour les plus jeunes, partent en villégiature à l'autre bout du monde. (…) D'emblée, ça parle d'argent, et elle vous le dit comme elle le pense, Daphné, les pauvres, elle n'aime pas trop. (…) Question carrière, faut que ça soit facile. Sinon papa leur trouvera un boulot. Et si ce n'est pas papa, ce sera un de ses amis, comme s'en vante cette bande de petits gars, attablés au Scossa : "Y aura toujours du boulot pour nous, même si vous trouvez ça injuste." »

Voici Paris Hilton, héritière de la chaîne d'hôtels du même nom, et milliardaire, dont les gazettes nous apprennent qu'elle « n'a qu'un travail dans la vie : le shopping ». « Et ce n'est pas rien de dépenser plusieurs milliers de dollars en moins de vingt secondes. Yves Saint Laurent et Calvin Klein sont ses maîtres à penser.» On suit ses aventures dûment chroniquées par Associated Press, d'amant – Paris Latsis, héritier grec – en amant – Stavros Niarchos, héritier grec –, avant que ça ne change.

Les oligarques vivent séparés de la plèbe. Ils ne se rendent pas compte de comment vivent les pauvres et les employés, ne le savent pas et ne veulent pas le savoir.

Si les hyper-riches vivent à part, ce retrait de l'espace collectif est imité par les classes opulentes qui les envient. Aux États-Unis, elles habitent de plus en plus souvent dans des villes séparées, d'abord constituées par des groupements de résidences privées qui s'enclosent progressivement. Plus de 10 millions de personnes vivent déjà à l'abri de ces murs ; le phénomène aboutit à la création de véritables cités, comme à Weston, en Floride, où «l'ensemble de domaines résidentiels clos forme une ville privée de 50 000 habitants». Les maisons, refuges contre le monde extérieur, sont toujours plus spacieuses : selon la National Association of Homebuilders, la taille moyenne des maisons construites aux États-Unis a augmenté de plus de moitié entre 1970 et 2004, alors même que la taille des familles diminuait.

«Cette Amérique-là vit dans sa bulle, raconte la journaliste Corine Lesnes. Ses habitants n'ont plus rien à faire dans les villes et y vont rarement. Impassibles, ils circulent au ralenti sur des autoroutes encombrées, tout à leur poursuite unilatérale du bonheur et de la sécurité.»

Le phénomène se reproduit en Amérique latine, *condominios fechados* brésiliens, *country clubs* argentins, *conjuntos cerrados* colombiens. En Afrique du Sud, les riches vivent à l'abri de maisons surmontées de fil de fer barbelé, une caméra surveillant l'entrée, tandis que des vigiles passent régulièrement dans les rues préservées. En France, à Toulouse, à Lille, en région parisienne, on voit se multiplier des «"résidences fermées", forteresses branchées sous surveillance électronique et vidéo, où chacun, sur sa télévision, dispose d'un canal de surveillance des parkings, des halls, des couloirs et des pelouses». «Ma crainte, aujourd'hui, c'est que les exigences de sécurité deviennent absurdes, qu'on en arrive aux miradors», s'inquiète un promoteur de ces résidences chez Bouygues Immobilier.

Une oligarchie aveugle

Qu'existe une caste d'oligarques, une couche d'hyper-riches, n'est pas en soi, vu de Sirius, un problème. On a fréquemment observé dans le passé que la détention du pouvoir allait de pair avec l'appropriation de grandes richesses. L'histoire est en partie le récit de l'ascension puis de la chute inévitable de tels groupes.

Cependant, nous ne sommes pas sur Sirius, mais sur la planète Terre. Et nous sommes à un moment précis de l'histoire, le XXIe siècle, qui pose un défi radicalement nouveau à l'espèce humaine : pour la première fois depuis le début de son expansion, il y a plus d'un million d'années, elle se heurte aux limites biosphériques de son prodigieux dynamisme. Vivre ce moment signifie que nous devons trouver collectivement les chemins pour orienter différemment cette énergie. C'est un défi magnifique, mais difficile.

Or cette classe dirigeante prédatrice et cupide, gaspillant ses prébendes, mésusant du pouvoir, se fige comme un obstacle sur ces chemins. Elle ne porte aucun projet, n'est animée d'aucun idéal, ne délivre aucune parole. L'aristocratie du

Moyen Âge n'était pas seulement une caste exploiteuse, elle a rêvé de construire un ordre transcendant, dont les cathédrales gothiques témoignent avec splendeur. La bourgeoisie du XIXe siècle, que Marx qualifiait de classe révolutionnaire, exploitait le prolétariat, mais avait aussi le sentiment de propager le progrès et les idéaux humanistes. Les classes dirigeantes de la guerre froide étaient portées par la volonté de défendre les libertés démocratiques face à un contre-modèle totalitaire.

Mais aujourd'hui, après avoir triomphé du soviétisme, l'idéologie capitaliste ne sait plus que s'autocélébrer. Toutes les sphères de pouvoir et d'influence sont avalées par son pseudo-réalisme, qui prétend que toute alternative est impossible et que la seule fin à poursuivre pour infléchir la fatalité de l'injustice, c'est d'accroître toujours plus la richesse.

Ce prétendu réalisme n'est pas seulement sinistre, il est aveugle. Aveugle à la puissance explosive de l'injustice manifeste. Et aveugle à l'empoisonnement de la biosphère que provoque l'accroissement de la richesse matérielle, empoisonnement qui signifie dégradation des conditions de vie humaine et dilapidation des chances des générations à venir.

Chapitre IV

Comment l'oligarchie exacerbe la crise écologique

Sans doute ne connaissez-vous pas Thorstein Veblen. C'est normal. Ce qui ne l'est pas, c'est que beaucoup d'économistes le méconnaissent également.

Raymond Aron, qui était un homme pondéré, comparait son œuvre à celles de Tocqueville et de Clausewitz. C'est que la réflexion de Veblen est une clé essentielle pour comprendre notre époque. Pourtant, le penseur américain reste peu étudié et souvent absent des programmes universitaires de science économique.

L'homme était fils de paysan. Son père était venu de Norvège s'installer aux États-Unis, dans le Wisconsin, dix ans avant la naissance de Thorstein en 1857. On parlait norvégien à la maison. Thorstein Veblen apprit l'anglais à l'adolescence et réussit brillamment ses études, obtenant en 1884 un doctorat à Yale, une des grandes universités de la côte Est des États-Unis. Peu enclin aux ronds de jambe nécessaires pour s'assurer une position bourgeoise, il revint à la ferme paternelle pendant six ans, avant de reprendre des études à Cornell en 1891 et d'obtenir dans la foulée un poste d'enseignant à l'université de Chicago. Il vécut alors une existence effacée, quoique excentrique, mais occupée par un riche travail intellectuel :

son premier livre, *Théorie de la classe de loisir,* publié en 1899, connut lors de sa parution une notoriété durable. Sans doute la dut-il au contexte de l'époque : le début du XXe siècle fut aux États-Unis (comme, sous une autre forme, en Europe) une période d'apogée de ce que les historiens ont appelé le « capitalisme sauvage ».

Veblen a ensuite été oublié. Les revenus se sont beaucoup resserrés au cours du XXe siècle, ce qui a rendu d'intérêt moins immédiat son analyse. Mais le retour d'une très grande inégalité et l'état présent d'un capitalisme exacerbé et ivre de lui-même rendent à l'économiste de Chicago toute sa fraîcheur incisive.

Pour Veblen, l'économie est dominée par un principe : « La tendance à rivaliser – à se comparer à autrui pour le rabaisser – est d'origine immémoriale : c'est un des traits les plus indélébiles de la nature humaine. » « Si l'on met à part l'instinct de conservation, précise-t-il, c'est sans doute dans la tendance à l'émulation qu'il faut voir le plus puissant, le plus constamment actif, le plus infatigable des moteurs de la vie économique proprement dite. » L'idée avait été suggérée par le fondateur de l'économie classique, Adam Smith : dans sa *Théorie des sentiments moraux,* il relevait que « l'amour de la distinction, si naturel à l'homme (…), suscite et entretient le mouvement perpétuel de l'industrie du genre humain ». Mais Smith n'a pas vraiment creusé ce principe que Veblen, au contraire, a systématisé.

Selon lui, les sociétés humaines ont quitté un état sauvage et paisible pour un état de rapacité brutale, où la lutte est le principe de l'existence. Il en est issu une différenciation entre une classe oisive et une classe travailleuse, qui s'est maintenue lorsque la société a évolué vers des phases moins violentes. Mais la possession de la richesse est restée le moyen de la différenciation, son objet essentiel n'étant pas de répondre à un besoin matériel, mais d'assurer une « distinction provocante », autrement dit d'exhiber les signes d'un statut supérieur.

Certes, une partie de la production de biens répond aux « fins utiles » et satisfait des besoins concrets de l'existence. Mais le niveau de production nécessaire à ces fins utiles est assez aisément atteint. Et, à partir de ce niveau, le surcroît de production est suscité par le désir d'étaler ses richesses afin de se distinguer d'autrui. Cela nourrit une consommation ostentatoire et un gaspillage généralisé.

Il n'y a pas besoin d'augmenter la production

La première originalité de Veblen est de renverser l'axiome originel de l'économie classique : celle-ci raisonne dans un univers de contraintes, où les hommes disposent de ressources rares pour des besoins illimités. Dès lors, le problème économique serait d'augmenter la production pour accroître l'offre de biens et tenter d'assouvir les besoins. Veblen, au contraire, observe que les besoins ne sont pas infinis. Au-delà d'un certain niveau, c'est le jeu social qui les stimule. De même, il ne considère pas que la production est rare, mais pose qu'elle est suffisante.

Cette approche constitue une rupture radicale avec le discours économiste qui forme l'idéologie dominante. De ce point de vue, capitalisme et marxisme sont strictement équivalents : ils postulent tous deux que la production est insuffisante. Veblen renverse l'analyse : la production est suffisante, la question qui se pose à l'économie porte sur les raisons et les règles de la consommation.

Une des sources d'information de Veblen était l'ethnographie, c'est-à-dire l'observation des coutumes des peuples d'Amérique ou du Pacifique. Les cultures de ceux-ci étaient encore souvent, au XIXe siècle, bien vivantes. Veblen a ainsi rencontré à Chicago Franz Boas, un ethnographe qui a étudié les Indiens Kwakiutl, un peuple de la côte Nord-Ouest des États-Unis. Les Kwakiutl, qui tiraient de la pêche et de la fourrure une grande prospérité, pratiquaient le « potlatch » : lors de longues fêtes, ils se livraient à une sorte de compétition de cadeaux, chaque don d'un clan à un autre appelant en retour un présent plus beau, sur lequel le premier renchérissait, dans un cycle de munificence aboutissant à une débauche des biens de tous. L'observation de Boas n'était pas isolée. Sous diverses formes, le potlatch a été décrit dans de nombreuses sociétés, si bien que le sociologue français Marcel Mauss l'a présenté dans son *Essai sur le don* (1923) comme un « système général d'économie et de droit ».

Retenons la leçon de cette tradition ethnologique : le régime naturel des sociétés n'est pas la gêne ; elles peuvent aussi bien connaître une abondance permettant le gaspillage d'un surplus considérable. Veblen a le premier compris l'importance de cette observation, sur laquelle il bâtit sa démonstration.

La classe supérieure définit le mode de vie de son époque

Donc, raisonne-t-il, le principe de consommation ostentatoire régit la société. Celle-ci s'est diversifiée en de nombreuses couches, dont chacune se comporte selon le même principe de distinction, c'est-à-dire en cherchant à imiter la couche supérieure. « Toute classe est mue par l'envie et rivalise avec la classe qui lui est immédiatement supérieure dans l'échelle sociale, alors qu'elle ne songe guère à se comparer à ses inférieures, ni à celles qui la surpassent de très loin, écrit Veblen. Autrement dit, le critère du convenable en matière de consommation, et il vaut partout où joue quelque rivalité, nous est toujours proposé par ceux qui jouissent d'un peu plus de crédit que nous-mêmes. On en arrive alors, surtout dans les sociétés où les distinctions de classe sont moins nettes, à rapporter insensiblement tous les canons d'après lesquels une chose est considérée ou reçue, ainsi que les diverses normes de consommation, aux habitudes de comportement et de pensée en honneur dans la classe la plus haut placée tant par le rang que par l'argent – celle qui possède et richesse et loisir. C'est à cette classe qu'il revient de déterminer, d'une façon générale, quel mode de vie la société doit tenir pour recevable ou générateur de considération. »

La langue de Veblen est un peu contournée, mais cependant limpide. Précisons seulement que Veblen compare la société capitaliste qu'il connaît – « où les distinctions de classe sont moins nettes » – aux sociétés aristocratiques, par exemple les monarchies anglaise ou française du XVIIIe siècle.

L'imitation conduit à un torrent de gaspillages dont la source est située en haut de la montagne humaine : la classe de loisir, poursuit l'économiste, « se tient au faîte de la structure sociale ; les valeurs se mesurent à sa toise, et son train de vie fixe la norme d'honorabilité pour la société tout entière. Le respect de ces valeurs, l'observance de cette norme s'imposent plus ou moins à toutes les classes inférieures. Dans les sociétés civilisées d'aujourd'hui, les lignes de démarcation des classes sociales se sont faites incertaines et mouvantes ; dans de telles conditions, la norme d'en haut ne rencontre guère d'obstacles ; elle étend sa contraignante influence du haut en bas de la structure sociale, jusqu'aux strates les plus humbles. Par voie de conséquence, les membres de chacune des strates reçoivent comme l'idéal du savoir-vivre le mode de vie en faveur dans la strate immédiatement supérieure, et tendent toute leur énergie vers cet idéal».

La rivalité insatiable

Résumons. Le ressort central de la vie sociale, dit Veblen, est la rivalité ostentatoire qui vise à exhiber une prospérité supérieure à celle de ses pairs. La différenciation de la société en de nombreuses couches excite la rivalité générale.

La course à la distinction pousse à produire bien davantage que ce que requérerait l'atteinte des «fins utiles» : « Le rendement va augmentant dans l'industrie, les moyens d'existence coûtent moins de travail, et pourtant les membres actifs de la société, loin de ralentir leur allure et de se laisser respirer, donnent plus d'effort que jamais afin de parvenir à une plus haute dépense visible. La tension ne se relâche en rien, alors qu'un rendement supérieur n'aurait guère eu de peine à procurer le soulagement si c'était là tout ce qu'on cherchait ; l'accroissement de la production et le besoin de consommer davantage s'entre-provoquent : or ce besoin est indéfiniment extensible.» En effet, il ne s'arrête jamais : repensons à nos milliardaires. Qu'acheter, quand chacun a son avion décoré de bois précieux et de marbre? Une collection d'objets d'art. Une fusée. Un sous-marin. Et ensuite? Une villégiature sur la Lune. Autre chose, toujours, car la satiété n'existe pas dans la compétition somptuaire.

Enfin, la classe de loisir, au sommet, se coupe de la société. «Ce qui compte pour l'individu élevé dans le grand monde, explique Veblen, c'est l'estime supérieure de ses pareils, la seule qui fasse honneur. Puisque la classe riche et oisive a tant grandi, (...) puisqu'il existe un milieu humain suffisant pour y trouver considération, on tend désormais à mettre à la porte du système les éléments inférieurs de la population ; on n'en veut même plus pour spectateurs ; on ne cherche plus à les faire applaudir ni pâlir d'envie. »

La théorie de Veblen paraît si claire qu'il est à peine besoin de la commenter. Observons nos oligarques. Et regardons comment les 4x4, les voyages à New York ou à Prague, les écrans ultraplats, les caméras numériques, les téléphones télévisions, les cafetières perfectionnées... – comment l'incommensurable amoncellement d'objets qui constitue le décor de nos sociétés d'opulence se déverse en cascade, jusqu'aux rangs les plus modestes de la société, au fur à mesure que leur découverte par les hyper-riches recule dans un temps de plus en plus frénétique. Mais les filtres des possibilités de chacun, à mesure que l'on descend l'échelle de la richesse, écrèment cruellement le flot des fruits de la corne d'abondance. Ils laissent inassouvi le désir inextinguible qu'excite la dilapidation clinquante des oligarques.

La lisière invisible de la nouvelle nomenklatura

Il est temps de décrire sommairement les sociétés oligarchiques de l'humanité mondialisée du début du XXIe siècle.

Au sommet, une caste d'hyper-riches. Quelques dizaines de milliers de personnes, ou de familles.

Ils baignent dans un milieu plus large, que l'on pourrait appeler la nomenklatura capitaliste : la classe supérieure, moins riche que les hyper-riches quoique très opulente, leur obéit ou au moins les respecte. Avec eux, elle tient les leviers du pouvoir politique et économique de la société mondiale.

Deux représentants de la branche française de l'oligarchie la décrivent ainsi : pour Alain Minc, il s'agit de l'ensemble des « hommes politiques de terrain, de cadres dirigeants d'entreprise, d'hommes de culture, d'enseignants du supérieur, de chercheurs scientifiques, de journalistes de base, de magistrats de province, de fonctionnaires de catégorie A, de "bacs + 5, 7 ou 9", dont seuls quelques-uns parviennent à pénétrer le "sanhédrin" de la super élite, mais qui vivent tous avec à l'esprit les mêmes réflexes et le même code intellectuel ».

Pour Jean Peyrelevade, le capitalisme moderne est organisé comme une gigantesque société anonyme. À la base, trois cents millions de propriétaires (sur six milliards d'humains, soit 5 % de la population mondiale) contrôlent la quasi-totalité de la capitalisation boursière mondiale. « Citoyens ordinaires de pays riches, assurés de leur légitimité politique aussi bien que sociale », ils confient la moitié de leurs avoirs financiers à quelques dizaines de milliers de gestionnaires dont le seul but est d'enrichir leurs mandants.

Minc et Peyrelevade poussent à l'excès la frontière vers le bas – « bacs + 5, journalistes de base, citoyens ordinaires » – afin d'élargir la caste, ce qui la rend moins insupportable, mais la catégorisation, la lisière invisible et verrouillée, est posée.

La nomenklatura capitaliste adopte les canons de la consommation somptuaire des hyper-riches, et les diffuse vers les classes moyennes, qui les reproduisent à la mesure de leurs moyens, imitées elles-mêmes par les classes populaires et pauvres.

Hyper-riches et nomenklatura constituent l'oligarchie. Les individus s'y livrent une rude compétition interne, une course épuisante à la puissance et à l'ostentation. Pour rester dans la course, ne pas faillir, ne pas déchoir, il leur faut toujours plus. Ils organisent le prélèvement accru de la richesse collective. Contrôlant solidement les leviers du pouvoir, ils se ferment à la classe moyenne dont les rejetons ne parviennent plus à intégrer la caste qu'avec difficulté.

Cette classe moyenne constitue un ventre de plus en plus mou de la société, alors qu'elle était naguère le centre de gravité du capitalisme social dont le court âge d'or est centré sur les années 1960. Encore assez séduite par les feux de l'oligarchie pour se complaire ou s'épuiser, à son niveau, dans la course à la consommation ostentatoire, elle commence à comprendre que son rêve d'ascension sociale se dissout. Elle voit même s'ouvrir vers le bas la frontière jusque-là fermée du monde des petits employés et ouvriers.

Ceux-ci, de même, perdent l'espoir de pénétrer les classes moyennes. Au contraire, la précarisation des emplois, l'affaiblissement voulu par l'oligarchie des cadres de la solidarité collective, le coût des études, leur font entrevoir la descente vers ceux dont ils se croyaient séparés : la masse des pauvres qui, dans les pays riches, se débattent dans la gêne d'un quotidien fait de pâtes à l'eau, de conserves à bas prix et de factures impayées. Tapie dans cette médiocrité lancinante gît la menace de glisser vers la déchéance de la rue, de l'alcoolisme et de la mort anonyme au petit matin glacé.

L'oligarchie des États-Unis au sommet de la compétition somptuaire

Au point où nous sommes arrivés, deux remarques s'imposent.

D'abord, si Veblen est aussi important que je l'affirme avec

Raymond Aron, comment se fait-il qu'on n'en parle pas plus ? En fait, il commence à être redécouvert, et plusieurs économistes font plus que le relire, ils appliquent sa théorie avec les méthodes modernes de l'économétrie. On a ainsi récemment montré, par exemple, que le niveau de satisfaction des travailleurs anglais était d'autant plus élevé que le salaire de leurs pairs était inférieur au leur. Ou que les foyers dont le revenu est inférieur à leur groupe de référence épargnent moins que ceux dont le revenu est supérieur, afin de pouvoir consommer davantage et de se maintenir au niveau de ceux-ci.

En novembre 2005, la Royal Economic Society anglaise a publié une autre et intéressante étude. Samuel Bowles et Yongjin Park y montraient, en utilisant le mécanisme veblenien, que le temps de travail augmente à proportion de l'inégalité sociale. Dans une société donnée, en effet, les individus adaptent collectivement leur temps de travail au revenu désiré. Or, constatent les chercheurs, celui-ci est fonction de la distance qui sépare les individus d'un groupe du revenu du groupe de référence supérieur. Plus cette distance, c'est-à-dire l'inégalité, est grande, plus les agents cherchent à travailler davantage pour accroître leur revenu. Et de fait, la durée du temps de travail annuel décroît des pays les plus inégalitaires (États-Unis) vers ceux qui le sont le moins (pays scandinaves).

Bowles et Park tirent une conclusion logique de leur démonstration. Une politique qui taxerait davantage les groupes qui servent de référence de consommation « serait doublement attractive : elle augmenterait le bien-être des moins bien lotis en limitant l'effet d'imitation en cascade de Veblen, et fournirait des fonds à des projets sociaux utiles ».

Une seconde remarque est que l'on peut « actualiser » Veblen aux conditions de notre époque, en élargissant son raisonnement à la planète, du fait de la mondialisation des modèles culturels. Dans chaque pays, les groupes sociaux visent à copier le style de vie de l'oligarchie locale, mais celle-ci prend comme modèle l'oligarchie des pays opulents, et particulièrement de celle du plus riche d'entre eux, les États-Unis. D'autre part, les pays eux-mêmes, en tant que tels, sont sujets au phénomène d'imitation veblenien. Or les sociétés occidentales, malgré l'inégalité qui les caractérise de plus en plus, n'en sont pas moins beaucoup plus riches collectivement que celles des pays du Sud. Ceux-ci sont ainsi dans une course au rattrapage collectif d'autant plus frénétique que l'écart est grand.

La croissance n'est pas la solution

Reprenons maintenant le cours de la discussion. La consommation effrénée impulsée par l'oligarchie blesse la justice en raison de sa distribution inégale.

Certes. Mais encore ?

Nous avons appris avec Veblen que l'ostentation et l'imitation déterminent le jeu économique. Nous avions constaté au premier chapitre que le niveau de consommation matérielle de notre civilisation est énorme et exerce une pression excessive sur la biosphère.

Pourquoi, dès lors, les caractéristiques actuelles de la classe dirigeante mondiale sont-elles le facteur essentiel de la crise écologique ?

Parce qu'elle s'oppose aux changements radicaux qu'il faudrait mener pour empêcher l'aggravation de la situation.

Comment ?

— Indirectement par le statut de sa consommation : son modèle tire vers le haut la consommation générale, en poussant les autres à l'imiter.

— Directement, par le contrôle du pouvoir économique et politique, qui lui permet de maintenir cette inégalité.

Pour échapper à sa remise en cause, l'oligarchie rabâche l'idéologie dominante selon laquelle la solution à la crise sociale est la croissance de la production. Celle-ci serait l'unique moyen de lutter contre la pauvreté et le chômage. La croissance permettrait d'élever le niveau général de richesse, et donc d'améliorer le sort des pauvres sans – mais cela n'est jamais précisé – qu'il soit besoin de modifier la distribution de la richesse.

Ce mécanisme s'est enrayé. Selon l'économiste Thomas Piketty, « La constatation, dans les années 1980, que l'inégalité avait recommencé à augmenter dans les pays occidentaux depuis les années 1970 a porté le coup fatal à l'idée d'une courbe reliant inexorablement développement et inégalité ». La croissance, d'ailleurs, ne crée pas suffisamment d'emplois, même en Chine où, malgré une extraordinaire expansion du PIB, dix millions d'emplois nouveaux seulement apparaissent chaque année quand vingt millions de personnes se présentent sur le marché du travail. « La théorie des marchés, explique Juan Somavia, directeur général du Bureau international du travail (une agence des Nations unies), veut que la croissance crée de la richesse, laquelle est redistribuée par les créations d'emplois, qui alimentent la consommation, ce qui génère des investissements nouveaux et donc le cycle de production. Mais à partir du moment où le lien entre croissance et emploi est coupé, ce cercle vertueux ne fonctionne plus comme il devrait. »

Par ailleurs, et ce point crucial est toujours oublié par les zélateurs de la croissance, celle-ci a un effet à la fois énorme et nuisible sur l'environnement, dont nous savons aujourd'hui qu'il est dans un état de fragilité extrême. Insistons. Cette assertion, selon laquelle la croissance dégrade l'environnement, est-elle établie? Ne se produit-il pas un «découplage» entre croissance et dégradation écologique? Le terme de découplage désigne une situation dans laquelle l'économie croît sans qu'augmente la pression environnementale.

La réponse a été apportée par des économistes de l'OCDE (Organisation de coopération et de développement économiques), un organisme qui regroupe les États occidentaux, le Japon et la Corée. Dans ses *Perspectives de l'environnement* présentées en mai 2001, l'OCDE constatait que la croissance économique, dans les pays développés, n'améliore pas la situation écologique. «La dégradation de l'environnement a généralement progressé à un rythme légèrement inférieur à celui de la croissance économique», résumaient les experts; «les pressions exercées par la consommation sur l'environnement se sont intensifiées au cours de la deuxième moitié du XXe siècle, et, durant les vingt prochaines années, elles devraient continuer de s'accentuer».

L'environnement des pays de l'OCDE ne s'assainit que sur quelques points: les émissions atmosphériques de plomb, de CFC (substances détruisant l'ozone) et de carburants atmosphériques comme les oxydes d'azote et le monoxyde de carbone ont été fortement réduites. La consommation d'eau se stabilise. La superficie forestière augmente légèrement – encore que sa biodiversité diminue, en raison de la fragmentation des massifs par les routes. Pour le reste, la situation empire: surpêche, pollution des eaux souterraines, émissions de gaz à effet de serre, production de déchets ménagers, diffusion des produits chimiques, pollution atmosphérique due aux particules fines, érosion des terres, production de déchets radioactifs, sont toutes en augmentation constante depuis 1980.

Comment est-ce possible ? Parce que « les effets en volume de l'augmentation totale de la production et de la consommation ont plus que compensé les gains d'efficience obtenus par unité produite ». Si, par exemple, l'amélioration technologique diminue la pollution de chaque automobile, cette baisse est insuffisante pour compenser l'augmentation globale du nombre d'automobiles. Même si, depuis vingt ans, les pays développés améliorent plus ou moins leur intensité énergétique (rapport de la consommation d'énergie par unité de PIB) ou leur intensité matérielle (rapport de la consommation de matériaux par unité de PIB), ce progrès est contrebalancé par l'augmentation globale du PIB. Ainsi, « la consommation globale de ressources naturelles dans les régions de l'OCDE a constamment augmenté ». Dans plusieurs domaines de l'environnement, qui plus est, il n'y a même pas de progrès relatif, parce que la richesse pousse à accroître la consommation nette : les routes se multiplient, la climatisation se répand, les équipements électriques se diversifient, les voyages sont plus faciles, etc.

L'urgence : réduire la consommation des riches

Alors ? La croissance réduit-elle l'inégalité ? Non, comme le constatent les économistes pour la dernière décennie.

Réduit-elle la pauvreté ? Dans la structure sociale actuelle, seulement quand elle atteint des taux insupportables durablement, comme en Chine, où même ce progrès atteint ses limites.

Améliore-t-elle la situation écologique ? Non, elle l'aggrave.

Tout être sensé devrait, soit démontrer que ces trois conclusions sont fausses, soit remettre en cause la croissance. Or on ne trouve pas de contestation sérieuse de ces trois conclusions dont conviennent *mezzo voce* plusieurs organismes internationaux et nombre d'observateurs. Et pourtant, personne parmi les économistes patentés, les responsables politiques, les médias dominants, ne critique la croissance, qui est devenue le grand tabou, l'angle mort de la pensée contemporaine.

Pourquoi ? Parce que la poursuite de la croissance matérielle est pour l'oligarchie le seul moyen de faire accepter aux sociétés des inégalités extrêmes sans remettre en cause celles-ci. La croissance crée en effet un surplus de richesses apparentes qui permet de lubrifier le système sans en modifier la structure.

Quelle pourrait être la solution pour sortir du piège mortel dans lequel la « classe de loisir », pour reprendre le terme de Veblen, nous enferme ? En stoppant la croissance matérielle. Je souligne le mot : croissance matérielle, définie comme l'augmentation continue des biens produits par prélèvement et dégradation des ressources biosphériques.

À la différence des adorateurs de la croissance, qui vous traitent d'obscurantistes plutôt que de discuter dès que vous interrogez leur dogme, je n'ai pas de position de principe relativement à la croissance. Si l'on prouvait que la croissance telle que nous la connaissons ne dégrade pas davantage la biosphère, elle serait acceptable. Elle n'est pas en soi condamnable si on la considère comme la mise en œuvre de l'activité et de l'inventivité d'une humanité toujours plus nombreuse. Ce qui crée le danger, c'est que, dans les conditions actuelles, elle se traduit par une augmentation de la production matérielle qui endommage l'environnement. Si la croissance était immatérielle, c'est-à-dire augmentait la richesse monétaire sans consommer plus de ressources naturelles, le problème serait tout différent. Donc, la question n'est pas de faire la « croissance zéro », mais d'aller vers la « décroissance matérielle ». Si l'humanité prend au sérieux l'écologie de la planète, elle doit plafonner sa consommation globale de matières, et si possible la diminuer.

Comment faire ? Il n'est pas question de diminuer la consommation matérielle des plus pauvres, c'est-à-dire de la majorité des habitants des pays du Sud, et d'une partie des habitants des pays riches. Au contraire, il faut l'augmenter, par souci de justice.

Bon. Qui, aujourd'hui, consomme le plus de produits matériels ? Les hyper-riches ? Pas seulement. Individuellement, ils gaspillent certes outrageusement, mais collectivement, ils ne pèsent pas si lourd que ça. L'oligarchie ? Oui, cela commence à faire nombre. Mais cela ne suffit pas encore. Ensemble, Amérique du Nord, Europe et Japon comptent un milliard d'habitants, soit moins de 20 % de la population mondiale. Et ils consomment environ 80 % de la richesse mondiale. Il faut donc que ce milliard de personnes réduise sa consommation matérielle. Au sein du milliard, pas les pauvres, mais pas seulement non plus les vilains de la couche supérieure. Disons, 500 millions de gens, et appelons-les la classe moyenne mondiale. Il y a d'assez fortes chances que vous fassiez partie – comme moi – de ces personnes qui réduiraient utilement leur consommation matérielle, leurs dépenses d'énergie, leurs déplacements automobiles et aériens.

Mais nous limiterions notre gaspillage, nous chercherions à changer notre mode de vie, tandis que les gros, là-haut, continueraient à se goberger dans leurs 4x4 climatisés et leurs villas avec piscine ? Non. La seule façon que vous et moi acceptions de consommer moins de matière et d'énergie, c'est que la consommation matérielle – donc le revenu – de l'oligarchie soit sévèrement réduite. En soi, pour des raisons d'équité, et plus encore, en suivant la leçon de ce sacripant excentrique de Veblen, pour changer les standards culturels de la consommation ostentatoire. Puisque la classe de loisir établit le modèle de consommation de la société, si son niveau est abaissé, le niveau général de consommation diminuera. Nous consommerons moins, la planète ira mieux, et nous serons moins frustrés par le manque de ce que nous n'avons pas.

Le chemin est tracé. Mais les hyper-riches, la nomenklatura, se laisseront-ils faire ?

Chapitre V

La démocratie en danger

Voici une petite histoire, qui se rapporte à l'expression si juste, « ne pas en croire ses yeux ».

En 2001, dans la foulée des attentats du 11 septembre à New York, qui suscitèrent une grande excitation journalistique, j'étais tombé sur une information si surprenante qu'il me parut nécessaire de l'étudier très attentivement. Après une enquête fouillée, il se confirma que le gouvernement des États-Unis envisageait sérieusement l'emploi de petites bombes nucléaires dans les conflits à venir, rompant ainsi avec la doctrine qui avait édicté en 1978 qu'on ne devait pas utiliser l'arme nucléaire contre des ennemis n'en disposant pas. L'enquête révélait qu'une bombe de ce type avait été mise au point, la B 61-11.

On pourra croire que, sur un sujet pareil, j'avais vérifié toutes les informations disponibles plutôt deux fois qu'une. Ce qui est intéressant, ici, c'est que, une fois prêt, l'article fut bloqué plusieurs semaines avant d'être publié. Mes camarades du service International s'y refusaient parce qu'ils ne parvenaient pas à admettre que l'information était vraie malgré les preuves accumulées. Il fallut batailler et recourir au rédacteur en chef de l'époque pour que l'article soit imprimé – il a d'ailleurs eu un effet utile, mais c'est une autre histoire.

Il arrive ainsi, plus fréquemment qu'on ne pense, que des choses vraies ne passent pas, ou très difficilement, à la conscience collective. Que pourrions-nous aujourd'hui avoir du mal à croire? Ceci: l'oligarchie mondiale veut se débarrasser de la démocratie et des libertés publiques qui en constituent la substance.

L'assertion est brutale. Formulons-la autrement: face aux turbulences qui naissent de la crise écologique et de la crise sociale mondiales, et afin de préserver ses privilèges, l'oligarchie choisit d'affaiblir l'esprit et les formes de la démocratie, c'est-à-dire la libre discussion des choix collectifs, le respect de la loi et de ses représentants, la protection des libertés individuelles vis-à-vis des empiétements de l'État ou d'autres groupes constitués.

Quand nous pensons à la dictature en ce qui concerne les États occidentaux, Mussolini, Hitler et Staline nous viennent à l'esprit. La comparaison est fallacieuse. Ce qui se passe sous nos yeux ne peut être comparé à ces trois régimes; car les temps ont changé, ainsi que les formes de la vie politique et les techniques de contrôle social. Plutôt que de dictatures aussi violentes, la classe dirigeante préfère l'abâtardissement progressif de la démocratie.

Quelqu'un a très bien dit cela, voilà plus d'un siècle: «L'espèce d'oppression dont les peuples démocratiques sont menacés ne ressemblera à rien de ce qui l'a précédée (…). Je veux imaginer sous quels traits nouveaux le despotisme pourrait se produire dans le monde: je vois une foule innombrable d'hommes semblables et égaux qui tournent sans repos sur eux-mêmes pour se procurer de petits et vulgaires plaisirs, dont ils emplissent leur âme. Chacun d'eux, retiré à l'écart, est comme étranger à la destinée de tous les autres: ses enfants et ses amis particuliers forment pour lui toute l'espèce humaine ; quant au demeurant de ses concitoyens, il est à côté d'eux, mais il ne les voit pas ; il les touche et ne les sent point ; il n'existe qu'en lui-même et pour lui seul et, s'il lui reste encore une famille, on peut dire du moins qu'il n'a plus de patrie. Au-dessus de ceux-là s'élève un pouvoir immense et tutélaire, qui se charge seul d'assurer leur jouissance et de veiller sur leur sort. Il est absolu, détaillé, régulier, prévoyant et doux. Il ressemblerait à la puissance paternelle si, comme elle, il avait pour objet de préparer les hommes à l'âge viril ; mais il ne cherche, au contraire, qu'à les fixer irrévocablement dans l'enfance ; il aime que les citoyens se réjouissent, pourvu qu'ils ne songent qu'à se réjouir.»

Cet auteur à la belle plume est un homme de la trempe de Veblen, si l'on en croit Raymond Aron, il s'agit d'Alexis de Tocqueville.

L'alibi du terrorisme

La dérive antidémocratique s'est amorcée dans les années 1990, avec le triomphe d'un capitalisme libéré de la pression de son ennemi, le soviétisme : le dysfonctionnement de la machine électorale américaine, en 2000, qui a porté au pouvoir le candidat qui avait moins de voix que son adversaire, en a été l'émergence visible, pour ceux que n'avait pas alerté la mise au jour après 1996 du système Échelon d'écoutes des communications de ses alliés par les États-Unis. Mais l'offensive contre les libertés a pris un essor extraordinaire avec les attentats du 11 septembre 2001 à New York et à Washington. Ceux-ci ont désinhibé, s'il en était besoin, l'équipe réunie par George Bush – tous d'ailleurs des hommes ou des femmes impliqués, comme dirigeants ou comme membres de conseil d'administration, dans de nombreuses grandes entreprises, souvent du secteur militaire.

Le premier épisode en fut la discussion, en procédure accélérée, au nom de la lutte contre le terrorisme, moins de quinze jours après les attentats, d'un texte de loi de 500 pages intitulé *Patriot Act*. Le texte étendait à tous les citoyens américains les procédures jusque-là réservées aux espions étrangers : enregistrement des conversations téléphoniques, surveillance du courrier électronique, perquisitions possibles sans mandat, consultations des dossiers d'informations constitués par les médecins, bibliothécaires, banquiers, agences de voyages, etc. La loi prévoyait aussi l'amoindrissement du contrôle de ces enquêtes par le juge ou par le Parlement. Le texte fut reconduit, presque sans modification, en mars 2006.

Il a fallu cinq ans pour que la presse découvre que les conversations téléphoniques des citoyens aux États-Unis et vers l'étranger étaient contrôlées par la NSA (National Security Agency), sans autorisation du tribunal spécial créé à cet effet. De même, on apprit que la NSA surveillait aussi les courriels transitant par les trois plus grandes compagnies de télécommunications, ATT, Verizon et BellSouth, seule Qwest ayant refusé de collaborer. La NSA, qui dépend du ministère de la Défense, a un budget peut-être dix fois supérieur à celui de la CIA (Central Intelligence Agency) et concentre à Fort Meade (Maryland) la plus importante puissance informatique du monde.

La curiosité de l'administration américaine s'étend également aux transactions bancaires, au travers d'un programme clandestin de surveillance de celles-ci, dit *Terrorist finance tracking program* (Programme de traque du financement du terrorisme). D'abord prévu pour être temporaire, il est devenu permanent. Le gouvernement des États-Unis s'intéresse de même au transport aérien : une législation adoptée en 2001 dispose que les compagnies assurant des vols à destination, au départ, ou à travers le territoire des États-Unis, doivent fournir aux autorités douanières l'accès aux données de leur système de réservation, comprenant une cinquantaine d'informations sur l'identité, l'itinéraire, la résidence, la santé, les préférences alimentaires, etc., des voyageurs. Pour ce qui concerne l'Union européenne, Commission et Conseil des ministres ont accédé à l'exigence américaine de se plier à cette règle, tentant de circonvenir l'opposition du Parlement européen. En tout cas, le dispositif conduit les autorités américaines à interdire de prendre l'avion à plusieurs dizaines de milliers de personnes, inscrites sur des listes d'individus jugés dangereux. Des terroristes aussi manifestes que le sénateur Ted Kennedy, l'auteur d'un livre sur M. Bush, James Moore, ou un candidat démocrate opposant à la guerre en Irak, Robert Johnson, ont ainsi été empêchés de prendre l'avion.

Fêtons le « travailleur des organes de sécurité »

Les États-Unis ont installé des camps d'internement à l'étranger échappant à la convention de Genève sur le traitement des prisonniers de guerre, l'un à Guantánamo, à Cuba, l'autre à Bagram, près de Kaboul en Afghanistan. Y sont emprisonnés sans protection juridique des hommes arrêtés en Afghanistan lors de l'invasion américaine de 2001-2002. Il est arrivé que des prisonniers parviennent à se suicider : le commandant de la base de Guantánamo, Harry Harris, a alors jugé que les suicides n'étaient pas « un geste de désespoir, mais un acte de guerre asymétrique contre les États-Unis ».

Aux yeux de l'opinion commune, les États-Unis restent la

première démocratie du monde. Cette « démocratie » a donc rétabli l'usage de la torture. En 2002, le président Bush avait signé un décret secret autorisant la CIA à établir des lieux de détention cachés hors des États-Unis et à y interroger les prisonniers avec dureté, son conseiller Alberto Gonzales lui ayant indiqué que la convention de Genève « ne s'appliquait pas au conflit avec al-Qaeda ». Depuis, comme cela a été bien documenté, la première puissance mondiale fait « disparaître les détenus dans un réseau de prisons secrètes en kidnappant et en envoyant des gens pour interrogation dans des pays où l'on pratique la torture tels que l'Égypte, la Syrie ou le Maroc », a résumé Larry Cox, directeur pour les États-Unis d'Amnesty International.

Le terme qui désigne la torture est, dans ce nouveau monde, « technique renforcée d'interrogatoire ». Je m'abstiens de présenter au lecteur des exemples de ces « techniques renforcées ». Elles n'ont rien à envier aux pratiques des « techniciens » de la Gestapo.

Les sévices infligés aux détenus de la prison d'Abou Graib, à Bagdad, révélés en 2004, ne sont que la pointe émergée de l'iceberg de la « guerre contre la terreur ». En 2006, près de 14 500 « suspects » sont détenus dans ces cachots situés hors des États-Unis. Plusieurs pays européens se sont prêtés au transfert de prisonniers par la CIA vers les centres de torture établis en plusieurs points du monde, autorisant les avions de l'agence américaine à se poser sur leurs aéroports, fermant les yeux sur des enlèvements chez eux de « suspects », voire – mais le fait n'est pas définitivement établi pour la Pologne ou la Roumanie – en abritant de telles prisons.

La secrétaire d'État Condoleezza Rice déclare qu'« il est de notre devoir de rappeler à l'ordre les pays qui ne respectent pas leurs engagements en faveur des droits de l'homme». De nombreux États suivent les leçons d'un mentor si exemplaire. La Russie adopte en février 2006 une loi de lutte contre le terrorisme qui autorise les forces de sécurité à «pénétrer librement» chez les particuliers, à pratiquer les écoutes téléphoniques, à intercepter le courrier postal et électronique, à limiter si besoin est la liberté de mouvement des individus, et encadre le droit de manifester et la liberté des journalistes. Des commissions antiterroristes pilotées par le FSB (nouveau nom du KGB) sont mises en place à côté des structures gouvernementales existantes. La population est invitée à célébrer, le 20 décembre de chaque année, la «journée du travailleur des organes de sécurité».

En Allemagne, les *Lander* (États régionaux) ont constitué des fichiers de données sur plusieurs millions de personnes, comportant par exemple leur caractère ethnique ou leur religion.

En Grande-Bretagne, début 2006, Amnesty International juge «accablant» le bilan du gouvernement en matière de droits de l'homme: étrangers détenus plusieurs années sans jugement, mises en résidence surveillée de suspects sans recours aux tribunaux, déportation de suspects vers des pays recourant à la torture sont parmi les comportements déplorés par l'organisation. Peu auparavant, le Premier ministre Blair voulait étendre la garde à vue de quatorze à... quatre-vingt-dix jours, ce que lui a refusé le Parlement. La Belgique introduit dans une nouvelle loi antiterroriste la notion de «méthodes particulières de recherche» pour la police. L'Union européenne adopte une directive renforçant la législation en matière de conservation des données téléphoniques et électroniques.

En France, le Parlement adopte en décembre 2005 sa... huitième loi antiterroriste. Elle renforce comme les précédentes les pouvoirs de la police. Le texte étend la garde à vue à six jours, lève des contraintes administratives et judiciaires sur certaines procédures de contrôle et de surveillance, étend la possibilité de la vidéosurveillance par des opérateurs privés, facilite les contrôles d'identité, oblige les transporteurs à communiquer les données relatives aux passagers, rend possible la photographie systématique des occupants de véhicules sur les axes routiers, permet aux services de police de consulter sans contrôle par le juge les fichiers des opérateurs de télécommunication et d'accès à Internet, et ainsi de suite. «Les dispositions proposées constituent toutes, sans exception, de nouvelles atteintes ou restrictions aux libertés fondamentales», analyse le Syndicat de la magistrature.

Il importe que les Occidentaux aient peur – les autres, on le sait, n'ont guère le privilège de goûter à la démocratie. L'administration Bush a répété à satiété qu'il faut faire la «guerre à la terreur». «Nous sommes une nation en guerre», édicte la *National security strategy* publiée par la Maison-Blanche en 2006. C'est qu'en effet la guerre a une vertu: elle justifie les accommodements pris avec les droits de l'homme. Cinq ans de matraquage semblent avoir été efficaces auprès de l'opinion américaine. Tapons par exemple, sur le moteur de recherche Google, le mot «terrorism»: le nombre d'occurrences trouvées un jour de 2006 est de 337 millions. Le mot «democracy» rapporte moins d'occurrences: 289 millions. Le terrorisme bat la démocratie dans les préoccupations des internautes.

Comme l'écrit l'intellectuel Medhi Belhaj Kacem: «Cette démocratie si parfaite fabrique elle-même son inconcevable ennemi, le terrorisme; loin de la menacer, il est le gage ultime de son maintien perpétuel; puisqu'elle n'aura plus à être jugée sur ses résultats, mais sur ses ennemis.» Appelons «technique poussée d'interrogatoire» la torture, «démocratie» le régime promu par M. Bush et ses amis européens, et tout va bien, la liberté prospère.

Une politique pour les pauvres : la prison

À côté de l'épouvantail du terrorisme, il est utile d'agiter un autre épouvantail, celui de la délinquance et de la sécurité.

L'inégalité sociale, faute de prise en charge politique et de conscience collective, accroît la frustration et le besoin désespéré de s'en sortir. D'où la pression de la «délinquance» dans les pays riches et celle de la migration du Sud vers le Nord. Pour contenir les effets de causes qu'elles distinguent mal, les classes moyennes et populaires demandent plus de «sécurité», et acceptent la baisse d'abord insensible du niveau des libertés publiques.

Dans l'arsenal de cette guerre aux pauvres, la première arme est la prison. Aux États-Unis, le nombre de prisonniers atteint 2,2 millions en 2005 – il était de 500 000 en 1980. C'est le chiffre le plus élevé du monde entier. Il faudrait chercher du côté du goulag dans la Russie de Staline ou des geôles de la Chine de Mao Ze Dong pour trouver un chiffre supérieur. Cela représente 738 détenus pour 100 000 habitants, sept fois plus, proportionnellement, qu'en France qui enferme pourtant avec enthousiasme.

Un signe indique la misère et la souffrance qu'implique cette situation : le Congrès a dû mettre en place en 2005 une commission pour l'élimination du viol en prison.

Par ailleurs, la qualité des «soins médicaux et psychiatriques en prison va de médiocre à terrible», écrit l'association

Human Rights Watch dans son rapport annuel sur les droits de l'homme.

La prison ne frappe pas toutes les populations avec équité : selon les statistiques du Bureau américain de la justice, 11,9 % des Noirs âgés de vingt-cinq à vingt-neuf ans étaient en prison, contre 3,9 % des Hispaniques et 1,7 % des Blancs du même âge. La situation américaine influe, notons-le, sur d'autres statistiques : quand les économistes applaudissent le supposé bas taux de chômage des États-Unis, ils omettent de signaler qu'il faudrait rehausser ce taux d'au moins 1 % pour tenir compte du fait que beaucoup de personnes emprisonnées, si elles étaient en liberté, seraient au chômage.

En France, le taux d'incarcération n'a cessé d'augmenter depuis trente ans pour atteindre le record historique de 98 pour 100 000 habitants. Le nombre de prisonniers est passé de 29 500 en 1971 à 59 000 en 2005 (la baisse engagée en 1996 s'est interrompue en 2002). C'est moins qu'en Allemagne (78 600 prisonniers en 2006) ou qu'au Royaume-Uni (79 000).

Les lois françaises se succèdent, qui restreignent toujours davantage les libertés et les garanties juridiques du citoyen face à la puissance publique, et qui viennent en surplus des lois sur le terrorisme : loi sur la « sécurité quotidienne » du 15 novembre 2001, loi « sur la sécurité intérieure » du 18 mars 2003, loi Perben 2 (« portant adaptation de la justice aux évolutions de la criminalité ») du 9 mars 2004, loi « sur la prévention de la délinquance » de juin 2006. Les textes élargissent les motifs de fichage génétique, qui était originellement réservé aux crimes sexuels, introduisent la notion de « bande organisée » justifiant d'une procédure d'exception, lèvent les limitations à la fouille des véhicules par la police, accroissent les pouvoirs d'investigation de la police judiciaire au détriment des droits de la défense, transforment le maire en coordonnateur de la prévention de la délinquance, favorisent la création de fichiers municipaux des assistés sociaux, accordent la déduction fiscale à l'installation de caméras de surveillance, créent des centres éducatifs fermés pour les mineurs de moins de seize ans, prévoient le placement d'enfants dès dix ans en établissement d'éducation spéciale, créent un délit d'occupation des infrastructures de transport…

Criminaliser la contestation politique

La démocratie est aussi trahie, au quotidien, par les arrangements de la part de la puissance publique avec la loi. Dans les domaines du droit du travail ou de l'immigration, je comprends que les codes sont fréquemment éborgnés. Mais connaissant mal ces domaines, je n'en dirai mot. Dans celui de l'environnement, en revanche, il est clair que, quand l'oligarchie a décidé quelque chose, elle s'assied sur les règles qui la dérangent. En ce qui concerne le nucléaire, le gouvernement refuse la tenue de référendums départementaux à propos des déchets radioactifs en Haute-Marne et Meuse, malgré plus de 50 000 signatures, c'est-à-dire plus de 20 % des citoyens inscrits sur les listes électorales (la loi de 2003 en exige 10 %), recourt au « secret défense » pour empêcher la discussion sur l'effet qu'aurait la chute d'un avion de ligne sur un nouveau type de réacteur nucléaire dit EPR, dissimule aux députés qui débattent de celui-ci un avis réservé de l'administration en charge de l'examen de sa sûreté, organise un débat public sur la construction du réacteur à fusion dit ITER alors que la décision a déjà été prise, etc. En ce qui concerne les OGM (organismes génétiquement modifiés), le gouvernement refuse l'organisation d'un référendum départemental demandé par le conseil général du Gers, attaque systématiquement les dizaines d'arrêtés municipaux que prennent les communes pour empêcher des cultures transgéniques dont elles ne veulent pas, dissimule la présence de ces cultures alors que la directive européenne impose un registre public, empêche la communication des dossiers d'évaluation toxicologique des OGM pour empêcher la contre-expertise des éventuels problèmes sur la santé qu'ils révèlent, etc.

Il est intéressant de voir comment les nouvelles lois permettent d'agir contre les contestataires tout autant que contre les terroristes. En janvier 2006, par exemple, trois personnes dont on peut penser qu'elles sont des «faucheurs volontaires» opposés aux OGM sont placées en garde à vue pendant quelques heures. Elles sont interrogées dans le cadre d'une information judiciaire «pour participation à une association de malfaiteurs». Rien n'est spécifiquement reproché aux personnes interrogées, et de ce fait leur avocat n'a pas accès au dossier de l'instruction. Au passage, documents et disques durs d'ordinateurs sont saisis. De même, le porte-parole du Réseau «Sortir du nucléaire» passe quelques heures en garde à vue en mai 2006 «sous le contrôle de la section antiterroriste» qui recherche la source du document d'EDF montrant que l'EPR est vulnérable à la chute d'un avion de ligne. Là encore, perquisition, saisie de l'ordinateur, pas d'accès au dossier... En août 2006, un faucheur volontaire, déjà condamné pour avoir participé au fauchage d'un champ d'OGM en 2001, est jugé à Alès en raison de son refus de se voir inscrit au fichier FNAEG des empreintes génétiques.

Vers la surveillance intégrale

Les « néo-démocrates » disposent de techniques de contrôle social dont les despotes du passé n'auraient pas osé rêver. Chacun de nous est donc fiché maintes fois, la police et d'autres administrations ayant de plus en plus aisément accès à ces informations – à notre insu bien sûr. Les fichiers d'empreintes génétiques se développent : le Royaume-Uni montre l'exemple à l'Europe, avec 3 millions d'empreintes, soit 5 % de la population, contre « seulement » 125 000 en France. Malheureux hasard, le fichier britannique compte beaucoup plus d'empreintes de Noirs que de Blancs.

Les caméras de vidéosurveillance ont fleuri en une dizaine d'années comme les champignons après la pluie. On en trouve dans les bus, dans les entreprises, dans les quartiers résidentiels, dans les magasins, dans les rues... Le Royaume-Uni est champion – il comptait plus de 4 millions de caméras en 2004. La police anglaise met en place en 2006 une immense base de données permettant d'enregistrer les mouvements des véhicules, les ordinateurs pouvant lire les plaques d'immatriculation enregistrées nuit et jour par les caméras disposées sur les principaux axes routiers et dans les villes. Tous les jours, les mouvements de 35 millions de plaques seront ainsi enregistrés et stockés pendant deux ans. Les responsables de la police se réjouissent : c'est « la plus grande avancée en technologie de détection de crimes depuis l'introduction des empreintes génétiques ».

Comme on n'arrête pas le progrès, un service de recherche du ministère anglais de l'Intérieur travaille à des logiciels capables de reconnaître les visages humains, qu'on pourra coupler aux caméras qui surveillent les rues et les lieux publics.

Des inventeurs privés créent d'autres dispositifs : par exemple, le Mosquito. C'est un boîtier et un haut-parleur émettant des sons puissants et désagréables sur une fréquence particulière audible uniquement par les enfants et les adolescents. On peut ainsi chasser les jeunes gens des endroits où ils tendent à se regrouper. L'inventeur, Howard Stapleton, prépare un « prototype surpuissant, capable de couvrir de vastes zones interdites au public, comme des gares de triage ou des chantiers ». Ou les boulevards, pendant les manifestations ?

L'idéal est que passants et véhicules se signalent d'eux-mêmes aux instances de contrôle. On voit ainsi se développer des étiquettes électroniques dites RFID *(radio frequency identification)*, puces à radiofréquences, ou transpondeurs, qui contiennent des informations relatives à l'objet ou à l'être qui les porte, ainsi qu'un petit dispositif radio. Quand il passe devant un appareil de lecture, ces informations sont saisies par celui-ci sans que le porteur le sache. Les transpondeurs ont la capacité informatique d'un micro-ordinateur de 1985. Dans les systèmes les plus perfectionnés, l'appareil de lecture peut se trouver jusqu'à cent mètres du porteur de transpondeur et capter pourtant les informations s'il passe à toute allure.

Il devrait se vendre plus de un milliard de puces RFID en 2006 et encore davantage dans les prochaines années. Les entreprises prévoient de l'utiliser sur tous les objets commercialisés, afin d'en assurer la traçabilité. Amélioration de l'efficacité commerciale ? Sans doute. Mais recelant certains risques. Supposons par exemple que l'on place ces étiquettes électroniques sur les livres. On pourrait ainsi repérer les personnes qui achètent tel livre associant écologie, inégalités, oligarchie et démocratie… L'association Pièces et main-d'œuvre imagine ce que pourrait restituer un appareil de lecture installé sur la voie publique: «Le manteau marque Tex taille 42, n° 987328765, acheté le 12 novembre 2006 à 17h08 au magasin Carrefour de Meylan, payé par la carte bancaire de Gisèle Chabert à Grenoble, est passé dans le champ du lecteur de Grand-Place aujourd'hui à 8h42, hier à 11h20 et lundi dernier à 9h05. Il est associé au livre *30 Recettes pour maigrir en famille* emprunté à la bibliothèque du centre-ville par Gisèle Chabert», etc.

Les transpondeurs sont déjà entrés dans la vie quotidienne de nombreux Parisiens: les passes «Navigo» sans contact qu'utilisent les clients de la RATP pour se déplacer permettent à l'entreprise de connaître précisément les parcours de chacun. Un transpondeur pourrait aussi être associé au passeport. Un journaliste anglais imagine que les autorités équipées du matériel adéquat pourront vérifier l'identité d'une foule entière, lors d'une manifestation, par exemple, les nouvelles cartes d'identité du pays comportant un transpondeur.

Mieux encore, du point de vue de la surveillance, le transpondeur pourrait être porté dans le corps même de la personne. L'implantation en est déjà habituelle pour les animaux de compagnie, à la place du tatouage. On n'en est pas encore tout à fait là pour les bêtes humaines, mais cela vient: c'est avec enthousiasme que certains clients fidèles de la discothèque Baja Beach Club, à Rotterdam, se sont fait implanter un transpondeur de la taille d'un grain de riz dans le bras, ce qui leur permet d'entrer sans être interrogés par les videurs et sans avoir à payer leurs consommations – le lecteur débite automatiquement leur compte – ainsi que de fréquenter l'espace des «personnes privilégiées». D'autres usages apparaissent: deux employés de la société Citywatcher, dans l'Ohio, seraient les premiers aux États-Unis à s'être fait implanter une puce électronique comme moyen d'identification pour entrer dans certaines salles de l'entreprise. Aux États-Unis, le directeur de Verychip, la société qui fabrique la majorité des transpondeurs implantables, propose d'en incorporer sur les immigrés légaux, pour leur éviter tout souci avec la police.

Les États développent par ailleurs l'identification biométrique, procédé grâce auquel une personne est reconnue par l'enregistrement numérique sur une carte d'un de ses éléments physiques, tels qu'empreinte digitale ou forme de l'iris de l'œil. L'enregistrement biométrique sur les documents d'identité se généralise sous l'impulsion des États-Unis. Il peut être assorti d'un transpondeur. Le projet de carte d'identité INES, en France, comporte ainsi dans sa version initiale élément biométrique et transpondeur.

Une alternative à l'implant d'une puce électronique est le bracelet électronique associé au système de localisation par satellite GPS *(global positioning system)*. Certains prisonniers vont ainsi bientôt être équipés de ce bracelet. Ils pourront circuler dans des zones déterminées à l'avance, tout franchissement étant repéré par le GPS et déclenchant une alarme dans l'ordinateur de contrôle situé chez les surveillants.

Mais il y a encore plus simple, c'est d'utiliser un objet de repérage infaillible, dont la majorité de citoyens se sont équipés avec un enthousiasme qui témoigne de la vitalité du désir d'imitation décrit par Veblen : le téléphone portable. Celui-ci constitue un excellent moyen pour les autorités de suivre les individus : ils sont localisés à tout moment par l'antenne relais dont ils sont le plus proches. Les consommateurs s'habituent si bien à cette surveillance permanente qu'on leur propose de s'y livrer eux-mêmes : plusieurs sociétés offrent aux parents de savoir à chaque instant où sont leurs enfants grâce aux téléphones portables de ceux-ci. Soit par repérage d'antenne relais, la compagnie de téléphone prêtant ses informations, soit par un témoin GPS de reconnaissance satellitaire intégré dans l'appareil. Une compagnie américaine, Verizon, permet même aux parents de programmer les territoires autorisés à leurs chérubins. Quand ceux-ci quittent la zone autorisée, les parents reçoivent un message d'alerte.

La trahison des médias

Les médias jouent un rôle essentiel dans la dégradation de l'esprit démocratique. Soit qu'ils relaient le discours sécuritaire du pouvoir, soit qu'ils détournent l'attention du public vers d'autres enjeux, soit qu'ils minorent les dérives qu'ils observent en leur donnant une faible visibilité.

Il y a de solides raisons structurelles, que nous allons examiner, à cet affadissement des médias. Mais l'on ne saurait négliger l'insensible glissement de l'esprit de la corporation journalistique vers une bien-pensance généralisée. On finit par trouver toutes sortes de bonnes raisons à l'acceptation de l'ordre établi. L'indignation est devenue mauvais genre, l'opinion divergente est qualifiée de « militantisme », la critique des puissants une figure antique de l'art journalistique qu'on encense d'autant plus qu'on s'y livre moins.

L'époque récente a connu deux épisodes qui constituent des cas d'école pour juger de cette évolution. La presse américaine, depuis le 11 septembre 2001, a brillé par son manque d'esprit critique à l'égard de l'administration Bush. Avalant le *Patriot Act* comme du bon pain, elle a parfois surenchéri dans l'odieux : n'est-ce pas un hebdomadaire dit « libéral », *Newsweek,* qui a recommandé l'usage de la torture ? Mais la presse a touché le fond lorsque le gouvernement de Washington a répandu par brassées, durant l'hiver 2002-2003, ses fausses informations pour pousser à l'invasion de l'Irak sans que les médias les mettent sérieusement en doute. « Je pense que la presse était muselée et qu'elle s'est automuselée », déclara en septembre 2003 Christiane Armanpour, journaliste « vedette » de la chaîne d'information CNN. « Tout le monde politique, je veux dire l'administration, les services de renseignements, les journalistes, n'ont pas posé assez de questions. »

Les télévisions et la majorité de la presse écrite ont entériné les allégations officielles selon lesquelles le chef d'État irakien soutenait le réseau al-Qaeda et développait des « armes de destruction massive ». Le fleuron de la presse écrite, le *New York Times,* a conforté de tout son poids les mensonges de l'équipe présidentielle. Par deux fois, il a placé à la « une » de longues enquêtes, en septembre 2002 et en avril 2003, confirmant les mensonges officiels malgré une absence d'indices solides. Il s'en est excusé depuis, mais le mal avait été fait.

Si les supposés meilleurs sont tombés dans le panneau, comment les autres auraient-ils résisté au courant ? Une étude de la couverture par 1 600 journaux télévisés américains de la guerre pendant trois semaines en avril 2003 a montré que, de tous les points de vue diffusés par interviews ou commentaires, seuls 3 % étaient opposés à la guerre. Un déséquilibre flagrant, alors que les sondages indiquaient que 27 % des personnes interrogées étaient opposés à l'invasion de l'Irak.

Ne jetons pas la pierre à nos confrères transatlantiques. La presse française s'est illustrée au printemps 2005 dans un autre genre de déni de l'évidence et dans le maintien sans esprit critique de la parole dominante. Lors du débat public qui a précédé le référendum sur le projet de Constitution européenne, la plupart des médias ont donné beaucoup plus que majoritairement la parole aux partisans du « oui », alors qu'il était manifeste, d'une part qu'une large partie de la population voulait voter «non», et d'autre part que les arguments des opposants s'appuyaient sur des raisonnements étayés. Les journaux les plus prestigieux donnèrent le ton. Hélas! Ces journaux – ou plutôt leur rédaction en chef – ne voyaient pas que ce retour du débat politique était le signe de l'investissement des citoyens dans la chose publique, et que leur rôle était d'être le forum de ce débat, de donner avec enthousiasme et ardeur la parole égale aux deux camps, d'illustrer par la pratique la vertu du débat démocratique. Mais ils préféraient, aveugles au mouvement de la société, accabler d'injures (xénophobie, nationalisme, dogmatisme, etc.) les partisans du «non» – c'est-à-dire le peuple souverain, comme devait le révéler le résultat des urnes le 29 mai 2005.

Chose étrange, beaucoup de lecteurs jugèrent qu'il était désagréable de payer 1,20 euro tous les jours pour qu'on les traite de fascistes. Et cessèrent de le faire.

Une cause majeure de cet affaissement moral des médias est que leurs directeurs et hiérarchie, le plus souvent, répercutent le mode de pensée de l'oligarchie, dont ils se sentent membres à part entière. Des rémunérations élevées leur paraissent naturelles, une voiture avec chauffeur va de soi, et ils suivent avec entrain les coutumes de la classe dirigeante. Voici ce que notait le chroniqueur mondain de la fête fastueuse donnée par le milliardaire Pinault à Venise: étaient là «tous les patrons de presse, au bras de leurs épouses, tout comme les patrons des chaînes de radio et de télévision».

Le directeur nomme le rédacteur en chef, qui désigne ses chefs de service, qui dirigent les journalistes. Qui choisit le directeur? Le propriétaire du média. S'il arrive que celui-ci ait la passion de l'information et de la liberté, il est plus souvent guidé par ses intérêts. À Hong Kong, par exemple, « sur les trente quotidiens de la ville, seul l'*Apple Daily* est indépendant et critique Pékin, estime le député Martin Lee. Pourquoi ? Parce que son propriétaire n'a pas d'intérêts en Chine. Tous les autres ont investi sur le continent et ne veulent pas perdre de l'argent ».

Le capitalisme n'a plus besoin de la démocratie

Comment la banalisation de la torture, la multiplication des lois sécuritaires, l'extension des pouvoirs de la police, la prolifération des instruments de surveillance, la démission de la presse sont-elles possibles ? Comment une telle dégradation de l'esprit de la démocratie s'est-elle produite ? Par le fait que, depuis la chute de l'URSS, la classe dirigeante s'est convaincue qu'elle n'avait plus besoin de la démocratie. Auparavant, la liberté était le meilleur argument pour contrer le modèle collectiviste. Elle était bonne pour les individus, et elle favorisait une bien plus grande réussite économique. Mais dans les années 1990, le paradigme qui associait liberté et capitalisme s'est dissous. D'une part, la droite extrême a élaboré aux États-Unis, sous l'influence des « néo-conservateurs », une idéologie plaçant la priorité sur le maintien de l'ordre social institué et de la puissance américaine. D'autre part, la montée impressionnante de l'économie chinoise dans un contexte de répression continue et de parti unique a habitué les esprits à ce découplage possible entre libertés publiques et dynamisme économique.

Ainsi, la démocratie devient antinomique avec les buts recherchés par l'oligarchie : elle favorise la contestation des privilèges indus, elle alimente la remise en cause des pouvoirs illégitimes, elle pousse à l'examen rationnel des décisions. Elle est donc de plus en plus dangereuse, dans une période où les dérives nuisibles du capitalisme deviennent plus manifestes.

Qui plus est, le maintien du gaspillage ostentatoire implique une forte consommation de pétrole et d'énergie. Comme les réserves les plus importantes en sont situées au Moyen-Orient, il faut mener une politique visant à contenir la contestation politique dans cette région. Cette politique prend le nom de « lutte contre le terrorisme ». Elle présente l'avantage de justifier les restrictions aux libertés au nom de la sécurité, ce qui permet de réprimer les mouvements sociaux qui commencent à se réveiller.

Le désir de catastrophe

J'émets de surcroît, à titre de réflexion, une hypothèse provocante. Naïvement, nous pensons que la catastrophe écologique à venir est redoutée par les hyper-riches. Ils en seraient inconscients ou se sentiraient impuissants. Mais non. Ils la souhaitent, ils aspirent à l'exacerbation, au désordre, ils jouent à se rapprocher toujours plus de la limite invisible du volcan, ils jouissent de l'excitation que procure un comportement si évidemment asocial.

La façon dont l'équipe de M. Bush a lancé la guerre en Irak, la tentation pour l'instant avortée d'utiliser des minibombes atomiques dans le cadre de conflits « classiques », la remontée des dépenses militaires américaines, alors même qu'elles dépassent déjà largement la somme des dépenses de défense des pays les plus armés de la planète (Russie, Chine, France, Allemagne, Grande-Bretagne, Inde), peuvent ainsi être lues comme cette pulsion de la classe privilégiée vers la déflagration. La tentation de la catastrophe rôde dans le cerveau des dirigeants. On lit ainsi, dans le *Wall Street Journal,* le premier journal des États-Unis et le plus lu par l'oligarchie, ces phrases étonnantes, sous la plume d'un professeur de sociologie, Gunnar Heinsohn : « Plus vite l'Europe s'effondrera, mieux cela sera pour les États-Unis, dont les chances de battre le terrorisme global seront améliorées économiquement et militairement par l'arrivée des Européens les plus brillants et les plus courageux, sous l'influx de la panique. »

On ne peut exclure de la part de l'oligarchie un désir inconscient de catastrophe, la recherche d'une apothéose de la consommation que serait la consommation de la planète Terre elle-même par l'épuisement, par le chaos, ou par la guerre nucléaire. La violence est au cœur du processus qui fonde la société de consommation, rappelait Jean Baudrillard : « L'usage des objets ne mène qu'à leur déperdition lente. La valeur créée est beaucoup plus intense dans leur déperdition violente. »

« L'époque de renoncements âpres qui nous attend »

Quoi qu'il en soit, les crises à venir, écologiques et sociales, vont soumettre le système démocratique à de rudes tensions. Pour les apaiser, nous devons relever le défi posé en 1979 par le philosophe Hans Jonas : « Il faut prendre des mesures que l'intérêt individuel ne s'impose pas spontanément et qui peuvent difficilement faire l'objet d'une décision dans le processus démocratique. » Ces mesures relèvent d'une politique simple dans son énoncé, difficile dans sa mise en œuvre : réduire la consommation matérielle, accepter « l'automodération de l'humanité » pour l'intérêt de tous et des générations futures.

Mais on ne peut espérer réduire la consommation matérielle, dans une société démocratique, qu'en le faisant de manière équitable : la pression doit d'abord peser sur les riches, ce qui la fera accepter, dans des formes négociées, à l'ensemble des citoyens.

Si le rapport de force ne permet pas d'imposer cette évolution aux puissants, ceux-ci chercheront à maintenir leurs avantages excessifs par la force, profitant de l'affaiblissement antérieur de la démocratie et arguant des mesures d'urgence nécessaires. Les pouvoirs ont déjà testé cette possibilité avec l'état d'urgence en France à l'automne 2005, lors des émeutes de banlieue, ou aux États-Unis lors du cyclone Katrina en septembre 2005, quand les forces armées ont été envoyées non pour secourir les pauvres inondés, mais afin de pourchasser les pillards.

La ruse de l'histoire serait même qu'un pouvoir autoritaire se targue de la nécessité écologique pour faire accepter la restriction des libertés sans avoir à toucher à l'inégalité. La gestion des épidémies, les accidents nucléaires, les pointes de pollution, la « gestion » des émigrés de la crise climatique sont autant de motifs qui faciliteraient la restriction des libertés.

Dans le texte de Tocqueville que nous avons cité, ce qui rend possible le nouveau despotisme est l'individualisme, le repli sur soi, l'oubli de ses concitoyens. C'est précisément ce que promeut le capitalisme : son idéologie exalte la recherche par chacun de son intérêt, en prétendant que la somme des conduites individuelles conduit par une sorte de magie – « la main invisible » – à l'optimum général.

Pour tenter de prévenir les crises, il faut au contraire collectivement décider de choix difficiles, sans quoi les désordres qui surviendront trouveront une réponse despotique. Il nous faut d'urgence revitaliser la démocratie, relégitimer le souci du bien public, réanimer l'idée du destin collectif. Seulement ainsi pourra-t-on dans la liberté affronter «l'époque d'exigences et de renoncements âpres qui nous attend», selon les mots de Jonas. Cela passe par l'ancrage du social dans l'écologie, par l'articulation de l'impératif de la solidarité à la diminution des consommations, par la réaffirmation tenace qu'il n'est d'existence digne, quelles que soient les difficultés, que dans la liberté.

Chapitre VI

L'urgence et l'optimisme

Il y a urgence. D'ici dix ans, il faut avoir changé de cap – si la chute de l'économie américaine ou l'explosion du Moyen-Orient ne l'auront pas imposé dans le chaos.

Pour y faire face, il faut connaître le but : arriver à une société sobre ; tracer la route : réaliser cette transformation dans l'équité, en faisant d'abord porter la charge sur ceux qui sont les plus dotés, au sein des sociétés et entre sociétés ; s'inspirer des valeurs collectives : « Liberté, écologie, fraternité ».

Quels sont les principaux obstacles qui bloquent le chemin ?

D'abord, des idées reçues, si prégnantes qu'elles orientent l'action collective sans même qu'on y réfléchisse.

La plus puissante est la croyance en la croissance comme unique possibilité de résoudre les problèmes sociaux. Cette position est défendue alors même qu'elle est démentie par les faits. Et en mettant de côté la question écologique, puisque les zélateurs de la croissance savent qu'elle est incapable d'y répondre.

La seconde, moins sûre d'elle-même quoique largement répandue, énonce que le progrès technologique va résoudre les problèmes écologiques. On la propage parce qu'elle laisse espérer qu'on pourra grâce à lui éviter tout changement sérieux des comportements collectifs. Le développement de la technologie, ou plutôt de certains sentiers techniques au détriment d'autres, conforte le système et nourrit de solides profits.

La troisième idée reçue est celle de la fatalité du chômage. Elle est étroitement associée aux deux précédentes. Le chômage est devenu une donnée largement construite par le capitalisme, pour qui elle est le moyen le plus efficace pour, dans certaines limites, s'assurer de la docilité populaire et du bas niveau des salaires. *A contrario,* le transfert des richesses de l'oligarchie vers les services publics, une fiscalité pesant davantage sur la pollution et sur le capital que sur le travail, des politiques agricoles actives dans les pays du Sud, la recherche de l'efficacité énergétique sont des sources immenses d'emplois.

Un quatrième lieu commun associe l'Europe et l'Amérique du Nord dans une communauté de destin. Mais leurs chemins ont divergé. L'Europe porte encore un idéal d'universalité, dont elle démontre la validité par sa capacité à unir, malgré les difficultés, des États et des cultures très différents. La consommation d'énergie, les valeurs culturelles – par exemple celle essentielle de l'alimentation –, le refus de la peine de mort et de la torture, une inégalité moins prononcée et le maintien d'un idéal de justice sociale, le respect du droit international, l'appui au protocole de Kyoto sur le climat sont autant de traits qui distinguent l'Europe des États-Unis. Il faut séparer l'Europe de la puissance obèse et la rapprocher du Sud.

L'oligarchie peut se diviser

Ensuite sont les forces.
La première, bien sûr, est la puissance même du système.

Les échecs qui vont survenir ne suffiront pas à eux seuls à la défaire puisque, on l'a vu, il pourrait être en situation d'en prendre prétexte pour afficher un autoritarisme débarrassé des oripeaux de la démocratie. Cependant, le mouvement social s'est réveillé, et l'on peut penser qu'il va continuer à gagner en puissance. Mais il ne pourra pas emporter seul la mise face à la montée de la répression : il faudra que les classes moyennes et une partie de l'oligarchie, qui n'est pas monolithique, prennent nettement parti pour les libertés publiques et le bien commun.

Les mass media constituent un enjeu central. Ils soutiennent aujourd'hui le capitalisme en raison de leur économie : ils dépendent en effet, pour la plus grande partie d'entre eux, de la publicité. Cela rend difficile de plaider pour la diminution de la consommation. Le développement des journaux gratuits, qui ne vivent que de la réclame, accroît de surcroît la pression sur les journaux payants à grande diffusion, dont beaucoup sont entrés dans le giron de grandes entreprises industrielles. Il n'est pas sûr que les possibilités d'information suscitées par Internet, quoique immenses et pour autant qu'elles restent ouvertes, suffisent à contrebalancer le poids de mass media qui seraient intégralement devenus la voix de l'oligarchie. Cependant, la corporation des journalistes n'est pas encore totalement asservie et pourrait se réveiller autour de l'idéal de la liberté.

Troisième force, flageolante, la gauche. Depuis que sa composante sociale-démocrate en est devenue le centre de gravité, elle a abandonné l'ambition de transformer le monde. Le compromis avec le libéralisme l'a conduite à en adopter si totalement les valeurs qu'elle n'ose plus qu'avec la plus extrême prudence de langage déplorer l'inégalité sociale. Elle manifeste de surcroît un refus caricatural de s'intéresser réellement à l'écologie. La gauche reste confite dans l'idée du progrès tel que le concevait le XIXe siècle, croit encore que la science se fait comme du temps de Louis Pasteur, entonne le chant de la croissance sans la moindre trace d'esprit critique. Plutôt que de parler de « social-démocratie », d'ailleurs, il serait sans doute plus pertinent de parler de « social-capitalisme ». Mais pourtant, les défis du XXIe siècle peuvent-ils être relevés par les fils d'une autre tradition que celle qui plaçait l'inégalité au premier motif de sa révolte ? Ce hiatus est le cœur de la vie politique. La gauche renaîtra en unissant les causes de l'inégalité et de l'écologie – ou, inapte, disparaîtra dans le désordre général qui l'emportera comme le reste.

Et pourtant, soyons optimistes.
Optimistes, parce que, toujours plus nombreux, nous comprenons, contre tous les conservateurs, la nouveauté historique de la situation : nous vivons une phase nouvelle, jamais vue, de l'histoire de l'espèce humaine, le moment où ayant conquis la Terre, atteignant ses limites, elle doit penser autrement son rapport à la nature, à l'espace, à son destin.
Optimistes, à mesure que la conscience de l'importance historique des enjeux actuels se répand, à mesure que l'esprit de liberté et de solidarité se réveille. Depuis Seattle et la contestation de l'Organisation mondiale du commerce en 1999, le balancier a commencé à revenir dans l'autre sens, vers une préoccupation collective des choix de l'avenir, recherchant la coopération plutôt que la compétition. La bataille plutôt réussie des OGM quoique inachevée, le maintien par la communauté internationale du protocole de Kyoto en 2001 malgré le retrait des États-Unis, le refus des peuples européens de participer à l'invasion de l'Irak en 2003, le rejet du projet capitaliste de Constitution européenne en 2005, et

même l'élection de Barak Obama à la présidence des États-Unis, en novembre 2008, sont les signes que le vent de l'avenir recommence à souffler. Malgré l'ampleur des défis qui nous attendent, les solutions émergent, et renaît l'envie de refaire le monde face aux perspectives sinistres que promeuvent les oligarques.

Épilogue

Au Café de la Planète

On s'en voudrait de finir sur une note trop grave. Car après tout, nous sommes joyeux, comme l'ami Lovelock, et pensons qu'une certaine légèreté de l'âme aidera à dissoudre les scénarios désastreux écrits par des oligarques aux semelles de plomb.

Il y a quelques décennies, le premier milliardaire de France, Marcel Dassault, livrait régulièrement à *Jours de France* un « café du commerce », où il mettait en scène une conversation entre braves gens qui exprimait les préoccupations, selon lui, du moment. Je ne sais plus très bien ce qu'il s'y disait, mais la forme était originale. En hommage à tonton Marcel – vous voyez que je ne veux pas de mal aux milliardaires, il faut juste diviser leur fortune par cent ou par mille, et instaurer un indispensable RMA (revenu maximal admissible) –, voici un nouveau « Café de la Planète ». J'ai demandé de l'aide à divers compagnons rencontrés au hasard des lectures :

FÉLIX GUATTARI, psychiatre : Il risque de ne plus y avoir d'histoire humaine sans une radicale reprise en main de l'humanité par elle-même.
– Vous n'avez pas peur des grands mots, vous. C'est pas la cata, quand même !

Jean-Pierre Dupuy, philosophe : S'il faut prévenir la catastrophe, on a besoin de croire en sa possibilité avant qu'elle ne se produise.

– Et que pourrait-il se passer, par exemple ?

Robert Barbault, écologue : Si l'humanité ne détermine pas d'ici 2050 des voies radicalement nouvelles pour conduire les affaires, alors l'horizon est sombre et la sixième crise d'extinction une perspective certaine.

– Bon, plus de grenouilles. C'est tout ?

Kofi Annan, secrétaire général des Nations unies : En Afrique, quelque 60 millions de personnes quitteront au cours des vingt prochaines années la région sahélienne pour des lieux moins hostiles si la désertification de leurs terres n'est pas enrayée.

– Ah, là, évidemment... Ils viendront chez nous, c'est ça ? J'aime pas trop. On fermera les frontières, on se protégera !

Hama Amadou, Premier ministre du Niger : Aucune mesure, aucune armée de policiers et de gendarmes ne pourra empêcher nos concitoyens en proie à la misère et à la faim d'envahir les pays de l'abondance.

– Oh, ça chauffe, là. On ne va pas enfermer tout le monde, quand même. Il faut que ces pays se développent, qu'il y ait de la croissance économique, c'est la seule solution. S'ils ont de la boustifaille chez eux, ils ne viendront pas chez nous.

Lester Brown, agronome : Si la Chine atteint le niveau de 3 voitures pour 4 personnes, comme aux États-Unis, elle comptera 1,1 milliard de voitures. Aujourd'hui, le monde entier en compte 800 millions. Cela exigerait 99 millions de barils par jour. Aujourd'hui, le monde produit 82 millions de barils par jour.

– Vous me dites qu'il n'y aura pas assez de pétrole, là. Ouais, déjà qu'à la pompe, ça flingue un max. Mais vous voyez, c'est la Chine et l'Inde qui aggravent le problème. Ils produisent déjà plein de vos gaz à effet de serre. Qu'ils fassent un effort, après tout !

Laurence Tubiana, directrice de l'Institut international du développement durable : Les pays du premier monde doivent permettre l'accès aux ressources des pays émergents : loin d'entrer dans une compétition pour cet accès, ils doivent restreindre fortement leur prélèvement sur les ressources naturelles. C'est la seule attitude responsable pour que les pays émergents considèrent comme légitime et équitable une réflexion sur le modèle de croissance qu'ils vont emprunter.

– « Restreindre le prélèvement », si vous croyez que c'est facile. Il y a des pauvres, aussi, chez nous.

Martin Hirsch, président d'Emmaüs France : Il est illusoire de compter vaincre la pauvreté dans les pays riches sans traiter celle des pays défavorisés.

– Oh mais vous êtes tous d'accord, c'est pas possible de discuter ! Eh bien moi aussi, je vais me répéter : il faut de la croissance pour les pays pauvres !

Juan Somavia, directeur général du Bureau international du travail : Au niveau mondial, le chômage a augmenté de 21,9 % en dix ans, touchant 191,8 millions de personnes en 2005, son record historique. La Chine, qui bénéficie d'un taux de croissance annuelle de 9 à 10 %, crée environ 10 millions d'emplois nouveaux chaque année, deux fois moins que le nombre de gens qui entrent sur le marché du travail du pays.

– Oh, ça suffit ! C'est bien gentil de critiquer la croissance, mais vous avez une autre solution ?

Damien Millet, du Comité pour l'annulation de la dette du tiers-monde : La priorité absolue doit être la satisfaction universelle des besoins humains fondamentaux.

– Oui ben c'est pas une solution, ça.

Juan Somavia : Le développement social d'un pays ne peut réussir qu'en partant de la base et de la société locale.

Un agronome de la FAO : De judicieuses politiques agricoles, conjuguées avec un bon niveau d'investissements, pourraient aider à réduire la pression de l'immigration illégale qui force les portes de l'Europe et de l'Amérique du Nord.

– Un bon niveau d'investissement ? C'est des sous, ça. Et vous les trouvez où ?

Un expert du PNUD : Le montant nécessaire pour faire passer un milliard de personnes au-dessus du seuil de pauvreté de un dollar par jour s'élève à 300 milliards de dollars. En valeur absolue, ce chiffre paraît exorbitant. Néanmoins, il équivaut à moins de 2 % du revenu des 10 % les plus riches de la population mondiale.

– Et vous croyez qu'ils vont les lâcher comme ça, leurs 2 % ? Z'êtes pas un peu naïf ?

Robert Newman, auteur de *History of Oil* : Les corporations empêcheront toute loi et réglementation qui chercheraient à contraindre leur profitabilité. Ce n'est qu'en brisant le pouvoir des grandes firmes et en les soumettant au contrôle social que nous serons capables de surmonter la crise environnementale.

– Ben je vous souhaite du plaisir. L'Anglais a raison, les patrons de Coca-Cola et compagnie, ils vont pas se laisser piquer le bifteck pour les beaux yeux des Chinetoques.

Michael Moore, documentariste : Aux yeux des riches, la seule valeur de votre existence, c'est qu'ils ont besoin de votre bulletin de vote à chaque élection pour faire élire les politiciens dont ils ont financé la campagne. Ce foutu système américain qui permet que le pays soit gouverné par la volonté du peuple est une fort mauvaise affaire pour les riches, puisque, tous ensemble, ils ne représentent quand même que 1 % du « peuple ».

– Moore, c'est le gros anti-Bush, là ? Ouais, il était au festival de Cannes je sais plus quand, je l'ai vu à la télé. C'est un marrant. C'est bien ce qu'il dit. Sauf que je sais pas si vous avez remarqué, mais on vote pas vraiment tous ensemble. Et puis, la gauche, qu'est plutôt contre les riches, ben elle est à fond pour la croissance. Et vlan !

GENEVIÈVE AZAM, économiste : L'affirmation d'une écologie politique est la condition pour que puissent être posées en même temps la question sociale et la question écologique. Les choix et modalités de production des richesses et la répartition de ces richesses ne sauraient être pensées séparément.

– Ohaaaa, une intello, celle-là ! « Ne sauraient être pensées séparément. » Moi, je veux du concret !

JEAN MATOUK, économiste : Dans une grande entreprise où la masse salariale des 20 plus hauts dirigeants serait de 8 millions d'euros, une économie de 20 % sur ces salaires permet de créer, dans l'entreprise même ou dans une filiale, 50 emplois nouveaux à 1 500 euros mensuels. Le nombre d'emplois créés ainsi est faible ; mais il augmente très vite si l'économie sur salaire descend dans les strates juste au-dessous de celle-ci, même avec un taux plus faible.

– Ah, ça c'est rigolo, ça me plaît. Mais quand même, si on diminue les salaires des riches, on va avoir moins de choses…

HENRY MILLER, écrivain : Ce que nous redoutons le plus, en face de la débâcle qui nous menace, c'est de devoir renoncer à nos gris-gris, à nos appareils et à tous les petits conforts qui nous ont rendu la vie si inconfortable.

– Des gris-gris… on est revenus en Afrique. Je ne suis pas sûr que vous ayez raison pour tout, mais vous êtes sympas. Allez, on reboit un verre, et là, c'est ma tournée ! À la santé de la planète !

Références

Chapitre 1. La catastrophe. Et alors ?

– « C'est déjà beaucoup… » : Loreau, Michel, « Une extinction massive des espèces est annoncée pour le XXIe siècle », propos recueillis par Hervé Kempf, *Le Monde*, 9 janvier 2006.
– Sur James Lovelock, voir : Lovelock, James, *The Revenge of Gaia*, Allen Lane (Londres), 2006 ; Kempf, Hervé, « James Lovelock, docteur catastrophe », *Le Monde*, 11 février 2006.
– Effet de serre dans les années 1970 : Alfred Sauvy l'évoque dans *Croissance zéro ?*, Calmann-Lévy, 1973, p. 197.
– L'augmentation de la température moyenne à la fin du XXIe siècle : GIEC (Groupe d'experts intergouvernemental sur l'évolution du climat), *Changements climatiques 2001 : Rapport de synthèse. Résumé à l'intention des décideurs*, p. 9.
– « … que les climatologues tendent à situer autour de 2 degrés de réchauffement » : International symposium on the stabilisation of greenhouse gases, Hadley Centre, Met Office, Exeter, 1-3 février 2005, *Report of the Steering Committee*, 3 février 2005.
– « … ce processus réparateur pourrait ne plus opérer » : voir « La menace de l'emballement », *Science et Vie*, n° 1061, février 2006.
– Élévation du niveau de la mer : Kerr, Richard, « A worrying trend of less ice, higher seas », *Science*, vol. 311, p. 1698, 24 mars 2006.
– « la végétation de l'Europe, au lieu d'absorber du gaz carbo-

nique, en a relâché en quantité importante » : Ciais, Philippe, *et al.*, « Europe-wide reduction in primary productivity caused by the heat and drought in 2003 », *Nature*, 22 septembre 2005.

– « ... tout le carbone stocké récemment pourrait être relargué dans le siècle » : Zimov, Sergey, *et al.*, « Permafrost and the global carbon budget », *Science*, 16 juin 2006.

– « ... les modèles climatiques ont sous-évalué les interactions... » : Scheffer, Marten, *et al.*, « Positive feedback between global warming and atmospheric CO_2 concentration inferred from past climate change », *Geophysical Letters*, vol. 33, 2006.

– « ... s'inquiète Stephen Schneider » : Schneider, Stephen, communication personnelle, message électronique du 24 mars 2006. Voir aussi : Schneider, Stephen, et Mastrandea, Michael, « Probabilistic assessment of "dangerous" climate change and emissions pathways », *PNAS*, 1er novembre 2005.

– « Sixième extinction » et Rapport sur la biodiversité globale : « Humans spur worst extinctions since dinosaurs », Agence Reuters, 21 mars 2006.

– « Liste rouge » des espèces menacées : Morin, Hervé, « L'érosion de la diversité biologique de la planète se poursuit », *Le Monde*, 23 mai 2005.

– Prévision du centre Globio : « Mapping human impacts on the biosphere », www.globio.info, consulté en mars 2006.

– « ... relève le Millenium Ecosystem Assessment » : Millenium Ecosystem Assessment, *Living beyond our Means. Statement from the Board*, mars 2005.

– « Nous avons connu dans les trente dernières années... » : Neville Ash, du World Conservation Center, à Cambridge (Royaume-Uni) ; communication personnelle, juin 2005. Voir aussi : UNEP, *One Planet, Many People, Atlas of our Changing Environment*, Nairobi, 2005.

– Manifeste pour les paysages : www.manifestepourles paysages .org

– Jacques Weber : cité par Testard-Vaillant, Philippe, « Biodiversité. Les cinq défis du CNRS », *Le Figaro Magazine*, 28 avril 2006.

RÉFÉRENCES

– Jean-Pierre Féral : cité par Testard-Vaillant, Philippe, *ibid*.

– Stocks de poissons surexploités : FAO, *Sofia, Situation mondiale des pêches et de l'aquaculture*, 2005.

– Déchets dans les océans : Gjerde, Kristina, *Ecosystems and Biodiversity in Deep Waters and High Seas*, UNEP-UICN, 2006.

– Saumons sauvages en Alaska : Krümmel, E. M., *et al.*, « Delivery of pollutants by spawning salmon », *Nature*, 18 septembre 2003.

– Produits chimiques dans le lait maternel : BUND et Friends of the earth Europe, *Toxic Inheritance*, 2006.

– Lien entre pesticides et fertilité : Meeker, John, *et al.*, « Exposure to Nonpersistent Insecticides and Male Reproductive Hormones », *Epidemiology*, janvier 2006.

– Lien entre pollution atmosphérique et fertilité : Slama, Rémy, « Les polluants de l'air influencent-ils la reproduction humaine ? », *Extrapol*, n° 28, juin 2006.

– Sur l'espérance de vie : Aubert, Claude, *Espérance de vie, la fin des illusions*, Terre vivante, 2006.

– « Aux États-Unis, l'espérance de vie des femmes tend à plafonner » : Chesnais, Jean-Claude, INED, communication personnelle, juin 2006.

– Étude de Jay Olshansky : Olshansky, Jay, « A potential decline in life expectancy in the United States in the 21st century », *The New England Journal of Medicine*, 352, n° 11, 2005, p. 1138.

– « En 2004, la Chine émettait… » : *International Energy Annual 2004*, Energy Information Administration. *Annual European Community Greenhouse Gas Inventory 1990-2004 and Inventory Report 2006*, Agence européenne de l'environnement.

– « … en 2003, elle tirerait 1,2 fois… » : *Living Planet Report 2006*, WWF.

– Perte de terres arables en Chine : Institut Worldwatch, *L'État 2006 de la planète*, Association L'état de la planète publications, Genève, 2006, p. 17.

– Progression du désert en Chine : « China promise to push back spreading deserts », Agence Reuters, 1er mars 2006.

– Fleuve Jaune asséché : Koller, Frédéric, « Chine : le mal paysan », *Alternatives économiques*, février 2006.

– Pollution du Yang-Tseu-Kiang : « Cri d'alarme des experts face à la pollution du Yangtse », Agence France Presse, 30 mai 2006.

– « Trois cent millions de Chinois boivent une eau polluée » : McGregor, Richard, « The polluter pays : how environmental disaster is straining China's social fabric », *Financial Times*, 27 janvier 2006.

– Villes polluées en Chine : Beck, Lindsay, « China warns of disaster if pollution not curbed », Agence Reuters, 13 mars 2006.

– « L'air chinois est aussi tellement saturé… » : Institut Worldwatch, *L'État 2006 de la planète*, *op. cit*, p. 8.

– « … affaiblit la capacité du corail et du plancton… » : Haugan, Peter, *et al.*, *Effects on the Marine Environment of Ocean Acidification Resulting from Elevated Levels of CO_2 in the Atmosphere*, Directorate for Nature Management, Oslo, 2006.

– « … les organismes pourvus d'une coquille… » : Foucart, Stéphane, « L'océan de plus en plus acide », *Le Monde*, 18 et 19 juin 2006. Voir aussi : EUR-Océans, « L'acidification des océans : un nouvel enjeu pour la recherche et le réseau d'excellence Eur-Océans », 1er juin 2006.

– « Une étude scientifique publiée en 2004… » : Thomas, Chris, *et al.*, « Extinction risk from climate change », *Nature*, 2004, vol. 427, p. 145.

– « … du lobby nucléariste qui utilise le changement climatique… » : signalé dès 1989 par *Reporterre*, « Effet de serre : l'alibi nucléaire », septembre 1989.

– Sur le pic de Hubbert : Wingert, Jean-Luc, *La Vie après le pétrole*, Autrement, 2005.

– « … la Chine utilise actuellement un treizième du pétrole… » : d'après Institut Worldwatch, *L'État 2006 de la planète*, *op. cit.*, p. 11, corrigé par l'auteur avec les chiffres de *BP Statistical Review of World Energy*, juin 2006.

– « … en 2007 pour les plus pessimistes… » : Wingert, Jean-Luc, *La Vie après le pétrole*, *op. cit.*, p. 90.

– «... vers 2040 ou 2050... » : *Ibid.*, p. 98.
– « La compagnie Total... » : Kempf, Hervé, « Selon Total, la production de pétrole culminera vers 2025 », *Le Monde*, 19 juin 2004.
– « Pour Michel Loreau... » : Loreau, Michel, « Une extinction massive des espèces est annoncée pour le XXIe siècle », *Le Monde*, 9 janvier 2006.
– « L'un de ceux-ci, Martin McKee... » : McKee, Martin, « Prévenir et combattre l'éternel retour des épidémies », propos recueillis par Laure Belot et Paul Benkimoun, *Le Monde*, 2 et 3 avril 2006.
– « Le député écologiste Yves Cochet s'attend... » : cité par : Kempf, Hervé, « Écologisme radical et décroissance », *Le Monde*, 4 mars 2005. Voir aussi : Cochet, Yves, *Pétrole Apocalypse*, Fayard, 2005.
– « Deux ingénieurs, Jean-Marc Jancovici... » : Jancovici, Jean-Marc, et Grandjean, Alain, *Le plein s'il vous plaît !*, Éd. du Seuil, 2005, p. 124.
– « Le socialisme a été incapable d'intégrer la critique écologiste... » : voir Besset, Jean-Paul, *Comment ne plus être progressiste... sans devenir réactionnaire*, Fayard, 2005.

Chapitre II. Crise écologique, crise sociale

– « Au cours de l'hiver 2005-2006... » : Bissuel, Bertrand, « La fréquentation des centres pour sans-abri a augmenté significativement », *Le Monde*, 22 avril 2006.
– « de plus en plus de gens vivent dans des caravanes » : selon Claire Cossée, du CNRS, citée par Chabaud, Christelle, « Caravanes de la précarité », *L'Humanité Hebdo*, 14 et 15 janvier 2006.
– « 120 millions d'enfants vivant seuls... » : Prolongeau, Hubert, « Des enfants dans la rue », www.lattention.com, consulté en avril 2006.
– « En 2004, en France, près de 3,5 millions... » : Hofstein, Cyril, « Ces hommes et ces femmes à la dérive », *Le Figaro Magazine*, 28 avril 2006.

– « Selon l'ONPES… » : Poy, Cyrille, « Un bilan très alarmant », *L'Humanité Hebdo*, 25 et 26 février 2006.
– « Il était début 2006 de 1 254 euros… » : Poy, Cyrille, *ibid*.
– « En Suisse, l'association Caritas… » : Roustel, Damien, « La pauvreté gagne du terrain en Suisse », *L'Humanité*, 12 janvier 2006.
– « En Allemagne, la proportion de personnes… » : Benyahia-Kouider, Odile, « Aveu de pauvreté », *Libération*, 16 septembre 2005.
– « En Grande-Bretagne, elle atteint 22 %… » : Fahmy, Eldin, et Gordon, David, « La pauvreté et l'exclusion sociale en Grande-Bretagne », *Économie et Statistique*, n° 383-384-385, 2005, p. 110.
– « Aux États-Unis, 23 % de la population… » : Mistral, Jacques, « Aux États-Unis, il n'y a pas d'exclus, il y a des pauvres », *Alternatives économiques*, mai 2006.
– « Au Japon, le nombre de ménages… » : Pons, Philippe, « La hausse des inégalités crée un Japon à deux vitesses », *Le Monde*, 3 mai 2006.
– « … employés de la mairie de Paris ont perdu leur logement » : Garin, Christine, « Des agents de la Ville de Paris se retrouvent sans domicile fixe », *Le Monde*, 19 septembre 2005.
– « Comme l'explique l'économiste Jacques Rigaudiat… » : Rigaudiat, Jacques, « 20 millions de précaires en France », propos recueillis par Cyrille Poy, *L'Humanité*, 3 mars 2006.
– « L'ONPES confirme » : Poy, Cyrille, « Un bilan très alarmant », *L'Humanité Hebdo*, 25 et 26 février 2006.
– « … pour Pierre Concialdi… » : Concialdi, Pierre, « Entre 1,3 et 3,6 millions de travailleurs pauvres », propos recueillis par Christelle Chabaud, *L'Humanité Hebdo*, 14 et 15 janvier 2006.
– « Selon Franz Müntefering… » : Müntefering, Franz, interview par le *Financial Times Deutschland* du 3 avril, cité dans *Le Monde* du 4 avril 2006.
– « Selon le Réseau d'alerte sur les inégalités… » : Réseau d'alerte sur les inégalités, « Baromètre des inégalités et de la pauvreté, édition 2006 : Bip40 poursuit sa hausse », 2006, www.bip40.org
– « L'INSEE estime cependant que le taux de pauvreté… » :

RÉFÉRENCES

Delberghe, Michel, « Selon l'INSEE, le pouvoir d'achat des ménages a augmenté de 1,4 % en 2004 », *Le Monde*, 11 novembre 2005, citant : INSEE, *France, Portrait social 2005-2006*, novembre 2005.

– « Il y a une inversion de tendance… » : Louis Maurin, communication personnelle, juin 2006.

– « … observe Martin Hirsch » : Hirsch, Martin, « Les formes modernes de la pauvreté », in *La Nouvelle Critique sociale*, Éd. du Seuil, 2006, p. 78.

– « Pour Jacques Rigaudiat… » : Rigaudiat, Jacques, « 20 millions de précaires en France », propos recueillis par Cyrille Poy, *L'Humanité*, 3 mars 2006.

– « … relève le PNUD » : PNUD (Programme des Nations unies pour le développement), *Rapport mondial sur le développement humain 2005*, Economica, 2005, p. 3 et 4.

– « … 2,4 milliards n'ont pas de sanitaires corrects » : PNUE (Programme des Nations unies pour l'environnement), *L'Avenir de l'environnement mondial 3- GEO 3*, De Boeck Université, 2002, p. 152.

– « L'espérance de vie augmente… » : PNUE, *ibid.*, p. 33 ; PNUD, *ibid.*, p. 21.

– « … la pauvreté extrême a reculé… » : PNUD, *ibid.*, p. 22.

– « La part de la population vivant avec moins de un dollar… » : Institut Worldwatch, *L'État 2006 de la planète*, *op. cit.*, p. 6.

– « De même, la Chine… » : FAO, *L'État de l'insécurité alimentaire dans le monde 2003*, 2003, p. 6.

– « Depuis le milieu des années 1990… » : PNUD, *Rapport mondial sur le développement humain 2005*, *op. cit.*, p. 37.

– « On évaluait ainsi à 800 millions… » : FAO, *L'État de l'insécurité alimentaire dans le monde 2003*, 2003.

– « … deux milliards d'humains souffrent de carences… » : Marcel Mazoyer, cité par Kempf, Hervé, « Alerte pour 800 millions d'hommes sous-alimentés », *Le Monde*, 10 juin 2002.

– « L'Inde elle-même voit le nombre de ses concitoyens… » : FAO, *L'État de l'insécurité alimentaire dans le monde 2005*, 2005, p. 30.

– « L'inflexion de tendance… » : cité par Kempf, Hervé, « La faim dans le monde augmente à nouveau », *Le Monde*, 27 novembre 2003.
– « … un milliard de citadins vivent dans des bidonvilles… » : UN-Habitat, *State of the World's Cities 2006/7*, Earthscan, 2006, p. IX.
– « En France, selon l'INSEE, le revenu brut moyen… » : Delberghe, Michel, « Selon l'INSEE, le pouvoir d'achat des ménages a augmenté de 1,4 % en 2004 », *Le Monde*, novembre 2005.
– « … depuis une vingtaine d'années, la condition salariale… » : Concialdi, Pierre, « Entre 1,3 et 3,6 millions de travailleurs pauvres », propos recueillis par Christelle Chabaud, *L'Humanité Hebdo*, 14 et 15 janvier 2006.
– « Pour l'économiste Thomas Piketty… » : *L'Économie des inégalités*, La Découverte, coll. « Repères », 2004, p. 19.
– « En fait, une étude menée par Piketty… » : Piketty et Saez, « The evolution of top incomes : a historical and international perspective », *NBER Working Papers*, n° 11955, janvier 2006.
– « Aux États-Unis, résume *The Economist*… » : « Even higher society, ever harder to ascend », *The Economist*, 29 décembre 2004.
– « L'inégalité a crû régulièrement… » : Seligman, Dan, « The inequality imperative », *Forbes*, 10 octobre 2005, p. 64.
– « Au Japon, observe le journaliste… » : Pons, Philippe, « Adachi : un cas de paupérisation silencieuse », *Le Monde*, 3 mai 2006.
– « À ce moment, les inégalités ont commencé à se creuser… » : Pons, Philippe, « La hausse des inégalités crée un Japon à deux vitesses », *Le Monde*, 3 mai 2006.
– « Au milieu des années 1950… » : Maurin, Louis, « La société de l'inégalité des chances », *Alternatives économiques*, février 2006.
– « … note l'économiste Louis Chauvel » : Chauvel, Louis, « Déclassement : les jeunes en première ligne », hors-série *Alternatives économiques*, n° 69, 3e trimestre 2006, p. 50.
– « Les disparités en sont beaucoup plus fortes… » : Piketty, Thomas, *L'Économie des inégalités*, *op. cit.*, p. 14.
– « Si, en matière de pouvoir d'achat… » : Nathan, Hervé, *et al.*, « Ceux qui possèdent la France », *Marianne*, 26 août 2006.

– «Au Guatemala en 1997» : Henriette Geiger, représentante de l'Union européenne au Guatemala, communication personnelle, octobre 2001.

– «Généralement, l'Amérique latine et l'Afrique...» : PNUD, *Rapport mondial sur le développement humain 2005*, *op. cit.*, p. 38 et 53.

– «En Inde...» : *ibid.*, p. 32.

– «En Chine, résume...» : Lantz, François, «Chine : les faiblesses d'une puissance», *Alternatives économiques*, mars 2006.

– «Un patron chinois, Zhang Xin...» : cité par Bartiromo, Maria, «What they said at Davos», *Business Week*, 6 février 2006.

– «Selon le PNUD, il ne diminue plus...» : PNUD, *Rapport mondial sur le développement humain 2005*, *op. cit.*, p. 27.

– «Non seulement les pays les plus pauvres...» : *ibid.*, p. 39.

– «Le Sud ne peut pas amortir les effets négatifs...» : Narain, Sunita, «Préface», *L'État 2006 de la planète*, Institut Worldwatch.

– «... relève André Cicolella...» : Cicolella, André, «Santé sacrifiée», *Politis*, 13 avril 2006.

– «... en Chine, avertit Zhou Shenxian...» : «Pollution fuelling social unrest – chinese official», Agence Reuters, 21 avril 2006.

– «Villages du cancer» : Grangereau, Philippe, «Xiditou, "village du cancer" sacrifié à la croissance chinoise», *Libération*, 11 avril 2006.

– «74 000 en 2004» : Koller, Frédéric, «Chine : le mal paysan», *Alternatives économiques*, février 2006.

– «... 6 paysans tués par la police...» : «Fat of the land», *The Economist*, 25 mars 2006.

– «39 assassinats en 2004» : Selon la Commission pastorale de la Terre, citée par Agence Reuters, «Brazil land conflicts worst in decades – report», 20 avril 2005.

– «Dans de nombreux cas, constatent les experts...» : Millenium Ecosystem Assessement, *Living beyond our Means. Statement from the Board*, mars 2005, p. 19-20.

– «... deux tiers de ceux qui subsistent...» : PNUD, *Rapport mondial sur le développement humain 2005*, *op. cit.*, p. 10.

– «... ce que certains appellent le libre-échange... » : Dufumier, Marc, « Pour une émigration choisie : le commerce équitable », non publié, mai 2006. Voir Dufumier, Marc, *Agriculture et Paysanneries des Tiers mondes*, Karthala, 2004.

Chapitre III. Les puissants de ce monde

– Oligarchie : définition du *Petit Larousse* 2005.
– « Barons voleurs » : voir Debouzy, Marianne, *Le Capitalisme « sauvage » aux États-Unis, 1860-1900*, Éd. du Seuil, 1972.
– « Entre 2000 et 2004, les émoluments... » : Jaillette, Jean-Claude *et al.*, « Revenus 1995-2005. Les gagnants et les perdants », *Marianne*, 4 mars 2006.
– «... selon le cabinet d'études Proxinvest... » : Proxinvest, Communiqué de presse, « Rapport 2005 sur la rémunération des dirigeants des sociétés cotées », 22 novembre 2005.
– « Les patrons français les mieux payés... » : Declairieux, Bruno, « Salaires des patrons : encore une année faste ! », *Capital*, décembre 2005.
– « Depuis 1998, les émoluments... » : Philippon, Thierry, « Monsieur 250 millions d'euros », *Le Nouvel Observateur*, 8 juin 2006.
– Jetons de présence : Philippon, *ibid.*
– «... selon une étude de Standard & Poor... » : Geller, Adam, « Rise in pay for CEOs slows but doesn't stop », *International Herald Tribune*, 20 avril 2006.
– Salaires des patrons de Sonoco, etc., et primes de départ de Lee Raymond et autres dirigeants américains : Geller, Adam, *ibid.* ; Tarquinio, Alex, « Oil prices push upward, and bosses' pay follows », *New York Times*, repris par *Le Monde* du 22 avril 2006.
– Scandale Jacques Calvet : Porquet, Jean-Luc, *Que les gros salaires baissent la tête !*, Michalon, 2005, p. 16.
– Peter Drucker : cité par Belot, Laure, et Orange, Martine, « Les avis de Peter Drucker et Warren Buffet », *Le Monde*, 23 mai 2003.

– « Entre 1995 et 2005, le revenu tiré des dividendes... » : Jaillette, Jean-Claude *et al.*, « Revenus 1995-2005. Les gagnants et les perdants », *Marianne*, 4 mars 2006.

– Citation de Rochefort : Rochefort, Robert, « La France, un pays riche ! », *La Croix*, 16 janvier 2006.

– « Les agents de la finance accumulent... » : Roche, Marc, « 3 000 banquiers de la City auront un bonus de plus de 1 million de livres », *Le Monde*, 31 décembre 2005.

– « La firme de conseil financier Goldman... » : *ibid.*

– « Greenwich, près de New York... » : Schurr, Stephen, « A day in the life of America's financial frontier boom town », *Financial Times*, 13 mars 2006.

– Beresford cité par : Poirier, Agnès Catherine, « Par ici la money », *Télérama*, 3 mai 2006.

– « La multiplication du nombre de milliardaires... » : Kroll, Luisa et Fass, Allison, « Billionaire bacchanalia », *Forbes*, 27 mars 2006.

– « Une somme qui équivaut... » : CADTM, communiqué de presse du 10 mars 2006, « Le CADTM demande un impôt exceptionnel sur la fortune cumulée des 793 milliardaires distingués par Forbes ».

– « Une autre façon d'apprécier la chose... » : PNUD, *Rapport mondial sur le développement humain 2005*, *op. cit.*, p. 40.

– James Simons et autres : Taub, Stephen, « Really big bucks », *Institutional Investor's Alpha*, mai 2006, et Prudhomme, Cécile, « Les "hedge funds" enrichissent les "papys" de la finance », *Le Monde*, 4 et 5 juin 2006.

– « *Forbes* recense 33 milliardaires... » : Kroll, Luisa et Fass, Allison, « Billionaire bacchanalia », *Forbes*, 27 mars 2006.

– « Et sur les 8,7 millions de millionnaires... » : Rousseau, Hervé, « Les riches, toujours plus riches et plus nombreux », *Le Figaro*, 21 juin 2006 ; Day, Maguy, « Le nombre des très riches a crû de 500 000 dans le monde en 2005 », *Le Monde*, 23 juin 2006.

– « Dans les pays de l'ex-Union soviétique... » : Amalric, Jacques, « La Russie, propriété de Poutine », *Alternatives interna-*

tionales, juin 2006 ; Chol, Éric, « Les oligarques débarquent », *L'Express*, 15 juin 2006.

– « Comme l'observe un commentateur russe… » : Volkov, Vladimir, « Forbes's billionaires list and the growth of inequality in Russia », www.wsws.org, 3 avril 2006.

– *Paris-Match* sur Mittal : Labrouillère, François, « Le Meccano du roi de l'acier Mittal », *Paris-Match*, 4 mai 2006.

– « … en Allemagne, les patrons ont obtenu du chancelier Schröder… » : Benyahia-Kouider, Odile, « Aveu de pauvreté », *Libération*, 16 septembre 2005.

– « … le Premier ministre Koizumi y a ajouté… » : Pons, Philippe, « La hausse des inégalités crée un Japon à deux vitesses », *Le Monde*, 3 mai 2006.

– « Selon l'Observatoire français… » : cité par Maurin, Louis, « La société de l'inégalité des chances », *Alternatives économiques*, février 2006.

– Étude de l'Urban Institute : citée par Leser, Éric, « Le Congrès prolonge les baisses d'impôts sur les dividendes », *Le Monde*, 13 mai 2005.

– « Si la justice vient à manquer… » : Saint Augustin, *La Cité de Dieu*, IV, 4, cité par Maillard, Jean de, *Un monde sans loi*, Stock, 1998.

– « George Bush est le fils… » : « Even higher society, ever harder to ascend », *The Economist*, 29 décembre 2004.

– « … M. Pinault convie ses relations… » : Servat, Henry-Jean, « François Pinault, L'invitation au palais », *Paris-Match*, 4 mai 2006.

– « À l'université d'Harvard… » : « Even higher society, ever harder to ascend », *The Economist*, 29 décembre 2004.

– « Au Japon, on déplore… » : Pons, Philippe, « Adachi : un cas de paupérisation silencieuse », *Le Monde*, 3 mai 2006.

– « L'histoire racontée par *Forbes*… » : Blakeley, Kiri, « Bigger than yours », *Forbes*, 27 mars 2006.

– « Lequel *Octopus*… » : Funès, Nathalie, et Tissier, Corinne, « Leur incroyable mode de vie », *Le Nouvel Observateur*, 24 novembre 2005.

- « Les hyper-riches français… » : *ibid*.
- « Voici quelques objets… » : « The price of living well », *Forbes*, 10 octobre 2005.
- « … on peut engloutir 241 000 dollars en une nuit… » : Levenson, Eugenia, « The weirdiest CEO moments of 2005 », *Fortune*, 12 décembre 2005.
- « … installer la climatisation… » : Brafman, Nathalie, et Delhommais, Pierre-Antoine, « Le club des très riches se mondialise », *Le Monde*, 15 décembre 2005.
- La Bentley 728 : Roberts, Dexter, et Balfour, Frederik, « To get rich is glorious », *Business Week*, 6 février 2006.
- « … la plus rapide, la Koenigsegg CCR… » : « Inproducts », *Business Week*, 19 juin 2006.
- « … en Chine, c'est le Chang An Club… » : Roberts, Dexter, *op. cit*.
- « … un centre de gymnastique sérieux… » : Yara, Susan, « Super Gyms for the super rich », *Forbes*, 27 avril 2006.
- « Un garçon fortuné, comme Joseph Jacobs… » : Schurr, Stephen, « A day in the life of America's financial frontier boom town », *Financial Times*, 13 mars 2006.
- « Bernard Arnault rachète à Betty Lagardère… » : Le Grix, Yves, « Dans les belles demeures, il n'y a pas de plafond », *Challenges*, 13 juillet 2006.
- « David de Rotschild vit… » : Funès, Nathalie, *op. cit*.
- « … la propriété de Silvio Berlusconi… » : « La Sardaigne taxe les riches », *Le Nouvel Observateur*, 11 mai 2006.
- « … celle de Jean-Marie Fourtou… » : Tuquoi, Jean-Pierre, *Majesté, je dois beaucoup à votre père…*, Albin Michel, 2006, p. 53 et 136.
- « La collection artistique… » : Funès, Nathalie, *op. cit*.
- « … un banquier londonien… » : Roche, Marc, « 3 000 banquiers de la City auront un bonus de plus de 1 million de livres », *Le Monde*, 31 décembre 2005.
- « Jacques Chirac à l'hôtel *Royal Palm*… » : *Paris-Match* du 4 août 2000, cité par Robert-Diard, Pascale, et Vulser, Nicole,

« "Paris-Match" présente ses excuses à M. Chirac », *Le Monde*, 5 août 2000.

– « Dominique Strauss-Kahn… » : Giret, Vincent, et Le Billon, Véronique, *Les Vies cachées de DSK*, Éd. du Seuil, 2000, p. 120.

– « … Thierry Breton, alors patron… » : Funès, Nathalie, *op. cit.*

– « On aura à cœur d'aménager… » : « Les ailes coupées de la Sogerma », *L'Humanité*, 6 avril 2006.

– Le Falcon 900 EX : Publicité Dassault-Falcon, « Leave your competition at the fuel truck », *Forbes*, 10 octobre 2005.

– « Il en coûte 20 millions de dollars… » : Leser, Éric, « Bientôt en librairie, le "guide du touriste de l'espace" », *Le Monde*, 2 novembre 2005.

– Virgin Galactic : Ducros, Christine, « Décollage imminent pour le tourisme spatial », *Le Figaro*, 18 avril 2006.

– Sous-marin Phoenix : « US Submarines », *How to Spend it*, supplément du *Financial Times*, juin 2006.

– « François Pinault invite à Venise… » : Servat, Henri-Jean, *op. cit.*

– Le mariage de Delphine Arnault : *Paris-Match*, 22 septembre 2005.

– « … les filles s'appellent Chloé… » : Cottenceau, Isabelle, « Jeunes, riches, un enfer ! », *Paris-Match*, 4 mai 2006.

– Paris Hilton : Caracalla, Laurence, « Paris Hilton », *Le Figaro Magazine*, 28 avril 2006 ; « C'est fini entre Paris Hilton et Stavros Niarchos », Associated Press, 3 mai 2006.

– « Aux États-Unis, elles habitent de plus en plus souvent… » : Lesnes, Corine « Dans les cités idéales de l'american way of life », *Le Monde 2*, 15 janvier 2005 ; Kremer, Pascale, « À l'abri derrière les grilles », *Le Monde 2*, 26 novembre 2005.

– « … selon la National Association of Homebuilders… » : Kocieniewski, David, « After an $8 000 garage makevover, there's even room for the car », *New York Times*, reproduit dans *Le Monde* du 18 mars 2006.

– « Le phénomène se reproduit en Amérique latine… » : Barajas, Luis Felipe Cabrales, « Gated communities are not the solution to urban insecurity », *in* UN-Habitat, *State of the world's cities 2006/7*, Earthscan, 2006, p. 146.

– « Ma crainte, aujourd'hui, c'est que les exigences de sécurité… » : cité par Kremer, Pascale, *op. cit.*

Chapitre IV. Comment l'oligarchie exacerbe la crise écologique

– « Raymond Aron, qui était… » : Aron, Raymond, « Avez-vous lu Veblen ? », *in* Veblen, Thorstein, *Théorie de la classe de loisir*, Gallimard, coll. « Tel », 1970, p. VIII.
– Biographie de Veblen : Heilbroner, Robert, *Les Grands Économistes*, Éd. du Seuil, 1971.
– « … de ce que les historiens ont appelé le capitalisme sauvage » : Debouzy, Marianne, *Le Capitalisme « sauvage » aux États-Unis, 1860-1900*, Éd. du Seuil, 1972.
– « La tendance à rivaliser… » : Veblen, Thorstein, *Théorie de la classe de loisir*, *op. cit.*, p. 73.
– « Si l'on met à part l'instinct de conservation… » : *ibid.*, p. 74.
– Citation de Smith : Smith, Adam, *Théorie des sentiments moraux*, PUF, 1999, p. 254-255.
– « … un système général d'économie et de droit » : Mauss, Marcel, *Essai sur le don*, 1923-1924, Université du Québec à Chicoutimi (publié sur Internet), p. 94.
– « Toute classe est mue par l'envie… » : Veblen, Thorstein, *Théorie de la classe de loisir*, *op. cit.*, p. 69.
– « … la classe de loisir… se tient au faîte de… » : *ibid.*, p. 57.
– « Le rendement va augmenter… » : *ibid.*, p. 74.
– « Ce qui compte pour l'individu… » : *ibid.*, p. 122.
– « … pour Alain Minc, il s'agit de l'ensemble… » : Minc, Alain, *Le Crépuscule des petits dieux*, Grasset, 2005, p. 99.
– « Citoyens ordinaires de pays riches… » : Peyrelevade, Jean, *Le Capitalisme total*, Éd. du Seuil, 2005, p. 53.
– « On a ainsi récemment montré que le niveau de satisfaction… » : Clark, A. E., et Oswald, A., « Satisfaction and comparison

income », *Journal of Public Economics*, vol. 61 (3), p. 359, 1996, cité par Bowles, Samuel & Park, Yongjin, « Emulation, inequality, and work hours : was Thorsten Veblen right ? », *The Economic Journal*, novembre 2005.

– « Ou que les foyers dont le revenu est inférieur… » : Schor, J., *The Overspend American : Upscaling, Downshifting, and the New Consumer*, Basic Books, 1998, cité par Bowles, Samuel, et Park, Yongjin, *ibid.*

– « En novembre 2005, la Royal Economic Society… » : Bowles, Samuel, et Park, Yongjin, « Emulation, inequality, and work hours : was Thorsten Veblen right ? », *The Economic Journal*, novembre 2005.

– « Selon l'économiste Thomas Piketty… » : Piketty, Thomas, *L'Économie des inégalités*, La Découverte, coll. « Repères », 2004, p. 19.

– « … même en Chine où, malgré une extraordinaire… » : Somavia, Juan, « 430 millions de gens en plus sur le marché du travail dans les dix ans », propos recueillis par Jean-Pierre Robin, *Le Figaro*, 20 juin 2006.

– « La théorie des marchés… » : *ibid.*

– « Dans ses *Perspectives de l'environnement…* » : OCDE, *Perspectives de l'environnement*, OCDE, 2001.

Chapitre V. La démocratie en danger

– Article sur la B61-11 : Kempf, Hervé, « "Mininuke", la bombe secrète », *Le Monde*, 21 novembre 2001.

– « L'espèce d'oppression dont les peuples démocratiques… » : Tocqueville, Alexis de, *De la démocratie en Amérique*, Gallimard, coll. « Bibliothèque de la Pléiade », 1992, p. 836.

– Système Échelon : Rivière, Philippe, « Le système Échelon », *Le Monde diplomatique*, juillet 1999.

– « … tous d'ailleurs des hommes et des femmes impliqués… » : Grauwin, Christophe, *La Croisade des camelots*, Fayard, 2004.

– Le *Patriot Act*: *ibid.*, p. 30 *sq.*

– « Il a fallu cinq ans pour que la presse… » : Lesnes, Corine, « M. Bush défend la légalité des mesures de surveillance », *Le Monde*, 13 mai 2006.

– « De même, on apprit que la NSA… » : Gélie, Philippe, « "Big Brother" espionne les citoyens américains », *Le Figaro*, 13 mai 2006.

– « La NSA, qui dépend du ministère de la Défense… » : Leser, Éric, « National security agency : les oreilles de l'Amérique », *Le Monde*, 1er juin 2006.

– « D'abord prévu pour être temporaire… » : Lichtblau, Eric, et Risen, James, « Bank data is sifted by U. S. in secret to block terror », *New York Times*, 23 juin 2006.

– « … une législation adoptée en 2001 dispose… » : Henno, Jacques, *Tous fichés*, Télémaque, 2005, p. 152.

– « Pour ce qui concerne l'Union européenne… » : Rivais, Rafaële, « Fichiers passagers : le Parlement européen peut être contourné », *Le Monde*, 1er juin 2006.

– « En tout cas, le dispositif… » : Lesnes, Corine, « La liste des "interdits de vol" par les autorités américaines comprend au moins trente mille noms », *Le Monde*, 19 mai 2006.

– « … l'auteur d'un livre sur M. Bush… » : il s'agit de Moore, James, *Bush's Brain*, Wiley, 2003.

– « … Harry Harris a alors jugé que les suicides… » : cité par Lesnes, Corine, « Trois suicides à Guantánamo : Bush ne cède pas », *Le Monde*, 13 juin 2006.

– « … son conseiller Alberto Gonzales… » : Gonzales, Alberto, *Memorandum for the president. Decision Re application of the Geneva convention on prisoners of war to the conflict with Al Qaeda and the Taliban*, 25 janvier 2002, publié par *Newsweek* le 24 mai 2004.

– « … a résumé Larry Fox… » : Cowell, Alan, « Rights group assails "war outsourcing" », *International Herald Tribune*, 24 mai 2005.

– « … technique renforcée d'interrogatoire » : Marty, Dick, *Allé-*

gations de détentions secrètes et de transferts interétatiques illégaux de détenus concernant des États membres du Conseil de l'Europe, Conseil de l'Europe, juin 2006, p. 2.

– « En 2006, près de 14 500 suspects… » : Daniel, Sara, « Tortionnaires sans frontières », *Le Nouvel Observateur*, 12 janvier 2006.

– Plusieurs pays européens se sont prêtés… : Marty, Dick, *Allégations…, op. cit.*

– « La secrétaire d'État, Condoleezza Rice… » : citée par Lesnes, Corine, « Washington stigmatise les abus et les violences pratiqués par plusieurs pays arabes, dont l'Irak », *Le Monde*, 10 mars 2006.

– « La Russie adopte en février 2006… » : Jego, Marie, « La Russie se dote d'une nouvelle loi antiterroriste », *Le Monde*, 28 février 2006.

– « En Allemagne, les *Lander*… » : « Trawling for data illegal, German court rules », *International Herald Tribune*, 24 mai 2006.

– « En Grande-Bretagne, début 2006… » : Langellier, Jean-Pierre, « Londres accusé de violation des droits de l'homme », *Le Monde*, 24 février 2006.

– « Peu auparavant, le Premier ministre Blair… » : Rivais, Rafaële, et Stroobants, Jean-Pierre, « Inquiétude croissante en Europe sur la remise en cause de l'État de droit », *Le Monde*, 23 décembre 2005.

– « La Belgique introduit… » : *ibid.*

– « En France, le Parlement adopte… » : Syndicat de la magistrature, « Observations sur le projet de loi n° 2615 », novembre 2005. Roger, Patrick, « La France durcit pour la huitième fois en dix ans son arsenal antiterroriste », *Le Monde*, 23 décembre 2005.

– « Nous sommes une nation en guerre… » : National Security Strategy, mars 2006, www.whitehouse.gov/nsc/nss/2006/

– « Tapons par exemple… » : Consultation le 31 août 2006. Le 1er juillet, les scores étaient de 223 millions pour « terrorism » et de 219 millions pour « democracy ».

– « Comme l'écrit l'intellectuel… » : Belhaj Kacem, Mehdi, *La Psychose française*, Gallimard, 2006, p. 40.

– « Aux États-Unis, le nombre de prisonniers… » : « Mille

détenus de plus par semaine aux États-Unis entre mi-2004 et mi-2005 », *Le Devoir*, 23 mai 2006.

– « ... le Congrès a dû mettre en place... » : Human Rights Watch, *World Report 2006*, 18 janvier 2006.

– « Par ailleurs, la qualité des soins médicaux... » : *ibid*.

– « ... selon les statistiques du Bureau américain... » : « Mille détenus... », *op. cit.*

– Nombre de prisonniers en France : Ministère de la Justice, *Annuaire statistique de la Justice, édition 2006*, La Documentation française, 2006. « Depuis trente ans, le nombre de détenus n'a cesssé d'augmenter », *Le Monde*, 17 février 2006.

– « ... la baisse engagée en 1996... » : Guérin, Geneviève, « La population carcérale », *ADSP*, n° 44, septembre 2003.

– « C'est moins qu'en Allemagne... » : International Center for Prison Studies, www.prisonstudies.org, consulté en août 2006.

– Les lois sécuritaires en France : « Les lois sécuritaires Sarkozy-Perben », Section de Toulon de la Ligue des droits de l'homme, 14 juin 2004. « Les principales mesures du projet de loi sur la prévention de la délinquance », *Le Monde*, 28 juin 2006. Sainati, Gilles, « Justice 2006 : petites cuisines et dépendance », mai 2006.

– « ... le gouvernement refuse la tenue de référendums... » : Kempf, Hervé, « Déchets nucléaires : les populations réclament un référendum local », *Le Monde*, 14 septembre 2005.

– « ... la loi de 2003 en exige 10 %... » : Loi du 1er août 2003 relative au référendum local.

– « ... dissimule aux députés qui débattent... » : Kempf, Hervé, « Le gouvernement a caché des informations aux députés », *Le Monde*, 22 octobre 2004.

– « En janvier 2006, par exemple... » : « Trois faucheurs volontaires placés en garde à vue pendant quelques heures », *Le Monde*, 13 janvier 2006.

– « Malheureux hasard, le fichier britannique... » : Thoraval, Armelle, « Londres : le fichier ADN grossit, l'inquiétude aussi », *Libération*, 17 janvier 2006.

– « 4 millions de caméras en 2004... » : Norris, Clive, *et al.*, « The growth of CCTV», *Surveillance and Society*, 2004, 2 (2/3) : 110-135. Voir www.surveillance-and-society.org.

– « Les responsables de la police se réjouissent » : Connor, Steve, « You are being watched », *The Independent*, 22 décembre 2005.

– « … un service de recherche du ministère anglais… » : *ibid.*

– « Des inventeurs privés créent… » : Eudes, Yves, « "Mosquito", l'arme de dissuasion repousse-ados », *Le Monde*, 15 juin 2006.

– « Les transpondeurs ont la capacité informatique… » : Aberganti, Michel, « Mille milliards de mouchards », *Le Monde*, 2 juin 2006.

– « L'association Pièces et main-d'œuvre… » : Pièces et main-d'œuvre, « RFID : la police totale », 7 mars 2006, <pmo.erreur 404.org/RFID-la_police_totale.pdf>.

– « Un journaliste anglais imagine… » : Monbiot, George, « Chipping away at our freedom », *The Guardian*, 28 février 2006.

– « … clients fidèles de la discothèque Baja Beach Club… » : Eudes, Yves, « Digital boys », *Le Monde*, 11 avril 2006.

– « … deux employés de la société Citywatcher… » : Monbiot, Georges, *op. cit.*

– « Aux États-Unis, le directeur de Verychip… » : Sur Fox News, le 16 mai 2006. Transcrit et cité par le site Internet www.spychips.com.

– « Certains prisonniers vont ainsi… » : Réju, Emmanuelle, « Le premier bracelet électronique mobile va être expérimenté », *La Croix*, 23 mai 2006.

– « Quand ceux-ci quittent la zone autorisée… » : Richtel, Matt, « Marketing surveillance to parents who worry », *New York Times*, repris par *Le Monde* du 13 mai 2005.

– « … n'est-ce pas un hebdomadaire dit libéral… » : Alter, Jonathan, « Time to think about torture », *Newsweek*, 5 novembre 2001.

– « Je pense que la presse était muselée… » : « Irak : une journaliste vedette de CNN critique les médias américains », Agence France Presse, 16 septembre 2003.

– « … il a placé à la "une" de longues enquêtes, en septembre 2002 » : Gordon, Michael, et Miller, Judith, « U. S. says

Hussein intensifies quest for A-bomb parts », *The New York Times*, 8 septembre 2002.

– « ... et en avril 2003... » : Miller, Judith, « After effects : prohibited weapons ; illicit arms kept till eve of war, an iraqi scientist is said to assert », *The New York Times*, 21 avril 2003.

– « Une étude de la couverture de 1 600 journaux télévisés... » : Rendall, Steve, et Broughel, Tara, « Amplifying officials, squelching dissent », FAIR, www.fair.org, mai 2003.

– « étaient là tous les patrons de presse... » : Servat, Henry-Jean, « François Pinault, L'invitation au palais », *Paris-Match*, 4 mai 2006.

– « À Hong Kong, par exemple... » : Le Belzic, Sébastien, « Falungong fait de la résistance », *Le Monde 2*, 15 avril 2006.

– « ... sous la plume d'un professeur de sociologie... » : Heinsohn, Gunnard, « Babies win war », *The Wall Street Journal*, 6 mars 2006.

– « L'usage des objets ne mène qu'à leur déperdition... » : Baudrillard, Jean, *La Société de consommation*, Gallimard, coll. « Folio », 1970, p. 56.

– « Il faut prendre les mesures... » : Jonas, Hans, *Le Principe responsabilité*, Éd. du Cerf, 1991, p. 200. J'ai explicité le point de vue de Jonas sur la question de la démocratie dans : Kempf, Hervé, *La baleine qui cache la forêt*, La Découverte, 1994, p. 112 sq.

– « ... l'automodération de l'humanité... » : Jonas, Hans, *op. cit.*, p. 202.

– « ... affronter l'époque d'exigences et de renoncements... » : *ibid.*, p. 203.

Épilogue : Au Café de la Planète

– Guattari : Guattari, Félix, *Les Trois Écologies*, Galilée, 1989, p. 71.

– Dupuy : Dupuy, Jean-Pierre, *Pour un catastrophisme éclairé*, Éd. du Seuil, 2002, p. 13.

– Barbault: Barbault, Robert, *Un éléphant dans un jeu de quilles*, Éd. du Seuil, 2006, p. 186.

– Kofi Annan: « Kofi Annan affirme que la désertification et la sécheresse constituent de graves menaces au développement », Centre de nouvelles de l'ONU, 17 juin 2002.

– Hama Amadou: discours lors du Sommet mondial de l'alimentation, à Rome, juin 2002, FAO.

– Brown: Brown, Lester, *Wartime Mobilization to Save the Environment and Civilization*, News Release, Earth Policy Institute, 18 avril 2006.

– Laurence Tubiana: Institut Worldwatch, *L'État 2006 de la planète*, Association L'état de la planète publications, Genève, 2006, p. XII-XIII.

– Martin Hirsch: Propos recueillis par Anquetil, Gilles, et Armanet, François, dans « Comment repenser les inégalités », *Le Nouvel Observateur*, 22 juin 2006.

– Somavia: Somavia, Juan, « 430 millions de gens en plus sur le marché du travail dans les dix ans », propos recueillis par Jean-Pierre Robin, *Le Figaro*, 20 juin 2006.

– Comité pour l'annulation…: CADTM, Communiqué de presse du 10 mars 2006.

– FAO: FAO, « Investir dans le secteur agricole pour endiguer l'exode rural », communiqué de presse, 2 juin 2006.

– Programme des Nations unies…: PNUD, *Rapport mondial sur le développement humain 2005*, *op. cit.*, p. 40.

– Newman: Newman, Robert, « It's capitalism or a habitable planet – you can't have both », *The Independent*, 2 février 2006.

– Moore: Moore, Michael, *Tous aux abris!*, UGE, coll. « 10/18 », 2004, p. 216.

– Azam: *in* Caillé, Alain (dir.), *Quelle démocratie voulons-nous?*, La Découverte, 2006, p. 108.

– Matouk: Matouk, Jean, « Créer de nouveaux emplois avec une faible croissance », non publié, mars 2006.

– Miller: Henry Miller, *Le Cauchemar climatisé*, Gallimard, 1954, p. 20.

Table

CHAPITRE I
La catastrophe. Et alors ? 11
Objectif : limiter la casse 14
Si le climat s'emballait… 16
Jamais vu depuis les dinosaures 18
Nous sommes tous des saumons 21
La planète ne récupère plus 24
Le changement climatique, un volet de la crise globale 26
Vers le choc pétrolier 28
Les scénarios de la catastrophe 30
La question centrale 34

CHAPITRE II
Crise écologique, crise sociale 38
Le retour de la pauvreté 43
La mondialisation de la pauvreté 46
Les riches toujours plus riches 48
Naissance de l'oligarchie mondiale 51
Pour réduire la pauvreté, abaisser les riches 53
La pauvreté oubliée : la misère écologique 54

CHAPITRE III
Les puissants de ce monde 58
La secte mondiale des goinfres goulus 61
Verrouiller la porte du château 65

Comme des fous tristes	67
Une oligarchie aveugle	73

CHAPITRE IV
Comment l'oligarchie exacerbe la crise écologique — 75

Il n'y a pas besoin d'augmenter la production	77
La classe supérieure définit le mode de vie de son époque	78
La rivalité insatiable	80
La lisière invisible de la nouvelle nomenklatura	81
L'oligarchie des États-Unis au sommet de la compétition somptuaire	83
La croissance n'est pas la solution	85
L'urgence : réduire la consommation des riches	88

CHAPITRE V
La démocratie en danger — 92

L'alibi du terrorisme	94
Fêtons le « travailleur des organes de sécurité »	96
Une politique pour les pauvres : la prison	100
Criminaliser la contestation politique	102
Vers la surveillance intégrale	104
La trahison des médias	108
Le capitalisme n'a plus besoin de la démocratie	111
Le désir de catastrophe	112
« L'époque de renoncements âpres qui nous attend »	113

CHAPITRE VI
L'urgence et l'optimisme — 116

L'oligarchie peut se diviser	117

ÉPILOGUE
Au Café de la Planète — 121

Références — 127

Pour rester informé des sujets abordés par ce livre
et en discuter, vous pouvez consulter le site :
www.reporterre.net

Pour dialoguer avec l'auteur, vous pouvez lui écrire à :
planete@reporterre.net

RÉALISATION : PAO ÉDITIONS DU SEUIL
IMPRESSION : NORMANDIE ROTO S.A.S. À LONRAI (ORNE)
DÉPÔT LÉGAL : JANVIER 2009. N° 99074 (084171)
Imprimé en France

Collection Points

SÉRIE ESSAIS

DERNIERS TITRES PARUS

468. Histoire et Vérité, *par Paul Ricoeur*
469. Une charte pour l'Europe
    Introduite et commentée par Guy Braibant
470. La Métaphore baroque, d'Aristote à Tesauro, *par Yves Hersant*
471. Kant, *par Ralph Walker*
472. Sade mon prochain, *par Pierre Klossowski*
473. Seuils, *par Gérard Genette*
474. Freud, *par Octave Mannoni*
475. Système sceptique et autres systèmes, *par David Hume*
476. L'Existence du mal, *par Alain Cugno*
477. Le Bal des célibataires, *par Pierre Bourdieu*
478. L'Héritage refusé, *par Patrick Champagne*
479. L'Enfant porté, *par Aldo Naouri*
480. L'Ange et le Cachalot, *par Simon Leys*
481. L'Aventure des manuscrits de la mer Morte
    par Hershel Shanks (dir.)
482. Cultures et Mondialisation
    par Philippe d'Iribarne (dir.)
483. La Domination masculine, *par Pierre Bourdieu*
484. Les Catégories, *par Aristote*
485. Pierre Bourdieu et la théorie du monde social, *par Louis Pinto*
486. Poésie et Renaissance, *par François Rigolot*
487. L'Existence de Dieu, *par Emanuela Scribano*
488. Histoire de la pensée chinoise, *par Anne Cheng*
489. Contre les professeurs, *par Sextus Empiricus*
490. La Construction sociale du corps, *par Christine Detrez*
491. Aristote, le philosophe et les savoirs
    par Michel Crubellier et Pierre Pellegrin
492. Écrits sur le théâtre, *par Roland Barthes*
493. La Propension des choses, *par François Jullien*
494. La Mémoire, l'Histoire, l'Oubli, *par Paul Ricœur*
495. Un anthropologue sur Mars, *par Oliver Sacks*
496. Avec Shakespeare, *par Daniel Sibony*
497. Pouvoirs politiques en France, *par Olivier Duhamel*
498. Les Purifications, *par Empédocle*
499. Panorama des thérapies familiales
    collectif sous la direction de Mony Elkaïm

500. Juger, *par Hannah Arendt*
501. La Vie commune, *par Tzvetan Todorov*
502. La Peur du vide, *par Olivier Mongin*
503. La Mobilisation infinie, *par Peter Sloterdijk*
504. La Faiblesse de croire, *par Michel de Certeau*
505. Le Rêve, la Transe et la Folie, *par Roger Bastide*
506. Penser la Bible, *par Paul Ricoeur et André LaCocque*
507. Méditations pascaliennes, *par Pierre Bourdieu*
508. La Méthode
   5. L'humanité de l'humanité, *par Edgar Morin*
509. Élégie érotique romaine, *par Paul Veyne*
510. Sur l'interaction, *par Paul Watzlawick*
511. Fiction et Diction, *par Gérard Genette*
512. La Fabrique de la langue, *par Lise Gauvin*
513. Il était une fois l'ethnographie, *par Germaine Tillion*
514. Éloge de l'individu, *par Tzvetan Todorov*
515. Violences politiques, *par Philippe Braud*
516. Le Culte du néant, *par Roger-Pol Droit*
517. Pour un catastrophisme éclairé, *par Jean-Pierre Dupuy*
518. Pour entrer dans le XXIe siècle, *par Edgar Morin*
519. Points de suspension, *par Peter Brook*
520. Les Écrivains voyageurs au XXe siècle, *par Gérard Cogez*
521. L'Islam mondialisé, *par Olivier Roy*
522. La Mort opportune, *par Jacques Pohier*
523. Une tragédie française, *par Tzvetan Todorov*
524. La Part du Père, *par Geneviève Delaisi de Parseval*
525. L'ennemi américain, *par Philippe Roger*
526. Les pousse-au-jouir du Maréchal Pétain, *par Gérard Miller*
527. L'Oubli de l'Inde, *par Roger-Pol Droit*
528. La Maladie de l'Islam, *par Abdelwahab Meddeb*
529. Le Nu impossible, *par François Jullien*
530. Schumann. La Tombée du jour, *par Michel Schneider*
531. Le Corps et sa danse, *par Daniel Sibony*
532. Mange ta soupe et… tais-toi !, *par Michel Ghazal*
533. Jésus après Jésus, *par Gérard Mordillat et Jérôme Prieur*
534. Introduction à la pensée complexe, *par Edgar Morin*
535. Peter Brook. Vers un théâtre premier, *par Georges Banu*
536. L'Empire des signes, *par Roland Barthes*
537. L'Étranger ou L'Union dans la différence
   par Michel de Certeau
538. L'Idéologie et l'Utopie, *par Paul Ricœur*
539. En guise de contribution à la grammaire
   et à l'étymologie du mot « être », *par Martin Heidegger*
540. Devoirs et délices, *par Tzvetan Todorov*

541. Lectures 3, *par Paul Ricœur*
542. La Damnation d'Edgar P. Jacobs
par Benoît Mouchart et François Rivière
543. Nom de dieu, *par Daniel Sibony*
544. Les Poètes de la modernité. De Baudelaire à Apollinaire, *par Jean-Pierre Bertrand et Pascal Durand*
545. Souffle-Esprit, *par François Cheng*
546. La Terreur et l'Empire, *par Pierre Hassner*
547. Amours plurielles. Doctrines médiévales du rapport amoureux de Bernard de Clairvaux à Bocace *par Ruedi Imbach et Inigo Atucha*
548. Fous comme des sages *par Roger-Pol Droit et Jean-Philippe de Tonnac*
549. Souffrance en France, *par Christophe Dejours*
550. Petit Traité des grandes vertus, *par André Comte-Sponville*
551. Du mal/Du négatif, *par François Jullien*
552. La Force de conviction, *par Jean-Claude Guillebaud*
553. La Pensée de Karl Marx, *par Jean-Yves Calvez*
554. Géopolitique d'Israël, *par Frédérique Encel, François Thual*
555. La Méthode 6, *par Edgar Morin*
556. Hypnose mode d'emploi, *par Gérard Miller*
557. L'Humanité perdue, *par Alain Finkielkraut*
558. Une saison chez Lacan, *par Pierre Rey*
559. Les Seigneurs du crime, *par Jean Ziegler*
560. Les Nouveaux Maîtres du monde, *par Jean Ziegler*
561. L'Univers, les Dieux, les Hommes, *par Jean-Pierre Vernant*
562. Métaphysique des sexes, *par Sylviane Agacinski*
563. L'Utérus artificiel, *par Henri Atlan*
564. Un enfant chez le psychanalyste, *par Patrick Avrane*
565. La Montée de l'insignifiance, Les Carrefours du labyrinthe IV *par Cornelius Castoriadis*
566. L'Atlantide, *par Pierre Vidal-Naquet*
567. Une vie en plus, *par Joël de Rosnay, Jean-Louis Servan-Schreiber, François de Closets, Dominique Simonnet*
568. Le Goût de l'avenir, *par Jean-Claude Guillebaud*
569. La Misère du monde, *par Pierre Bourdieu*
570. Éthique à l'usage de mon fils, *par Fernando Savater*
571. Lorsque l'enfant paraît t. 1, *par Françoise Dolto*
572. Lorsque l'enfant paraît t. 2, *par Françoise Dolto*
573. Lorsque l'enfant paraît t. 3, *par Françoise Dolto*
574. Le Pays de la littérature, *par Pierre Lepape*
575. Nous ne sommes pas seuls au monde, *par Tobie Nathan*

576. Anthologie, *par Paul Ricœur*
     édition établie par Michael Foessel et Fabien Lamouche
577. Cantatrix Sopranica L. et autres écrits scientifiques
     par Georges Perec
578. Philosopher à Bagdad au Xe siècle, *par Al Farabi*
579. Mémoires. 1. La brisure et l'attente (1930-1955)
     par Pierre Vidal-Naquet
580. Mémoires. 2. Le trouble et la lumière (1955-1998)
     par Pierre Vidal-Naquet
581. Discours du récit, *par Gérard Genette*
582. Le Peuple « psy », *par Daniel Sibony*
583. Ricœur 1, *par L'Herne*
584. Ricœur 2, *par L'Herne*
585. La Condition urbaine, *par Olivier Mongin*
586. Le Savoir-déporté, *par Anne-Lise Stern*
587. Quand les parents se séparent, *par Françoise Dolto*
588. La Tyrannie du plaisir, *par Jean-Claude Guillebaud*
589. La Refondation du monde, *par Jean-Claude Guillebaud*
590. Anthologie de la Bible, *par Philippe Sellier*
591. Quand la ville se défait, *par Jacques Donzelot*
592. La Dissociété, *par Jacques Généreux*
593. Philosophie du jugement politique
     par Vincent Descombes
594. Vers une écologie de l'esprit 2, *par Gregory Bateson*
595. L'Anti-livre noir de la psychanalyse
     par Jacques-Alain Miller
596. Chemins de sable, *par Chantal Thomas*
597. Anciens, Modernes, Sauvages, *par François Hartog*
598. La Contre-Démocratie, *par Pierre Rosanvallon*
599. Stupidity, *par Avital Ronell*
600. Fait et à faire. Les Carrefours du labyrinthe V
     par Cornelius Castoriadis
601. Au dos de nos images, *par Luc Dardenne*
602. Une place pour le père, *par Aldo Naouri*
603. Pour une naissance sans violence, *par Frédéric Leboyer*
604. L'Adieu au siècle, *par Michel del Castillo*
605. La Nouvelle Question scolaire, *par Éric Maurin*
606. L'Étrangeté française, *par Philippe D'Iribarne*
607. La République mondiale des lettres, *par Pascale Casanova*
608. Le Rose et le Noir, *par Frédéric Martel*
609. Amour et justice, *par Paul Ricœur*
610. Jésus contre Jésus, *par Gérard Mordillat et Jérôme Prieur*
611. Comment les riches détruisent la planète, *par Hervé Kempf*
612. Pascal, *par Philippe Sellier*